国家出版基金项目
NATIONAL PUBLICATION FOUNDATION

国家高端智库
CHINA TOP THINK TANKS

智库研究丛书-05

丛书主编 黄宪起
丛书副主编 张 伟

智库协同创新研究

张 伟 黄相怀 等◎编著

中共中央党校出版社
The Central Party School Publishing House

图书在版编目（CIP）数据

智库协同创新研究/张伟等编著．--北京：中共中央党校出版社，2017.6

（智库研究丛书）

ISBN 978-7-5035-6030-9

Ⅰ.①智… Ⅱ.①张… Ⅲ.①咨询机构-研究-中国 Ⅳ.①C932.82

中国版本图书馆CIP数据核字（2016）第322730号

智库协同创新研究

策划统筹 曲 炜
责任编辑 楚双志 王 琪
版式设计 尉红民
责任印制 王洪霞
责任校对 王 微
出版发行 中共中央党校出版社
地　　址 北京市海淀区大有庄100号
电　　话 （010）62805830（总编室） （010）62805821（发行部）
（010）62805034（网络销售） （010）62805822（读者服务部）
传　　真 （010）62881868
经　　销 全国新华书店
印　　刷 三河市华润印刷有限公司
开　　本 700毫米×1000毫米 1/16
字　　数 164千字
印　　张 12
版　　次 2017年6月第1版 2017年6月第1次印刷
定　　价 36.00元

网　　址： www.dxcbs.net **邮　　箱：** cbs@ccps.gov.cn
微 信 ID： 中共中央党校出版社 **新浪微博：** @党校出版社

智库研究丛书

〉〉〉总　序

纵观当今世界各国现代化发展历程，智库在国家治理中发挥着越来越重要的作用，体现了一个国家的综合实力。智库不仅作为公共政策咨询体系的“硬”支撑，同时也是协商民主广泛多层制度化发展的助推器，是引领社会思潮、启发民智的思想库，是联通政学两界高端人才的旋转门，是政府与社会有效互动的纽带，是国际合作共赢的沟通平台，是撬动全球竞争格局的杠杆。无论在各国的国内事务领域还是在国际政治经济舞台上，都活跃着一大批智库的身影。智库日益成为国家治理、全球治理体系中不可或缺的组成部分。

对于现代中国，智库建设显得尤其迫切。在政府决策中，我国历来重视发挥专家咨询的作用，一些具有智库性质的机构也一直承担着一定的“辅政”功能。但随着当前形势发展，破解改革发展稳定难题、应对全球性问题的复杂性艰巨性前所未有，相对于当前各领域决策科学化民主化的迫切需求，相对于现代国际智库整体发展水平，我国传统智库体系发展已经严重滞后，智库建设跟不上、不适应现象日益突出。为推动国家治理体系和治理能力现代化、增强国家软实力，尽快实现中国智库建设现代化，其意义重大、刻不容缓。

当前，中国特色新型智库建设进入“春天”。尤其党的十八大以来，以习近平同志为核心的党中央高度重视智库建设，要求把智库作为国家软实力的重要组成部分，智库建设被提升到国家战略的层次和高度。2013年11月，党的十八届三中全会通过的《中共中央关于全面深化改革若干重大问题的决定》首次提出，“加强中国特色新型智库建设，建立健全决策咨询制度”。2014年10月27日，习近平总书记在中央全面深化改革领导小组第六次会议审议《关于加强中国特色新型智库建设的意见》时指出：我们进行治国理政，必须善于集中各方面智慧、凝聚最广泛力量。改革发展任务越是艰巨繁重，越需要强大的智力支持。2015年1月，中共中央办公厅、国务院办公厅专门印发《关于加强中国特色新型智库建设的意见》，作为中国特色新型智库体系建设的总方案，中国特色新型智库建设迎来历史上前所未有的战略机遇，迅速形成中央积极引导、各地方各部门踊跃投入的氛围。2015年11月，中央全面深化改革领导小组第十八次会议通过《国家高端智库建设试点工作方案》，共有25家机构入选首批国家高端智库建设试点单位。

在中国特色新型高端智库发展新格局中，中央党校具有格外重要的位置和优势。在中央和国家支持下，中央党校实施了“创新工程”，把智库建设作为与教学并列的两大创新主题之一，足见中央党校对智库建设的重视。被明确列入先行开展试点建设的国家高端智库名单，对中央党校智库建设又是一个巨大推动。中央党校有条件、有能力建设国家亟须、特色鲜明、制度创新、影响突出、引领发展的新型高端智库，并在智库研究领域发挥排头兵作用。

当前，我们对于中国特色新型智库的研究和认识整体上仍处于初始阶段，难免存在诸多理论误区和困惑。对于如何着手开展中国特色智库建设，难免出现一哄而起、无所适从的现象。如果不能及时广开言路、开阔视野、紧贴中国现实深入开展研究讨论，将不利于我国智库建设进程的顺利推进和长远发展。近两年来，国内智库研究呈迅速增长态势，但总体上，关于智库的学术成果数量还比较少；我们仍然主要处于借鉴学习阶段，尤其是对美国智库建设的借鉴学习比较多；核心作者数量不多，整体研究力量仍显薄弱；研究成果的整体学术质量有待提高，经验性、应用性、普及性的研究成果比例较高；研究主题散乱现象比较明显，规范性、系统性、理论性方面存在欠缺，[①] 尤其是对智库专门的系统的学术研究，至今还是空白。

为推动中国特色新型智库的建设实践和理论研究，我们酝酿策划了这套丛书，首批推出九本，试图从多个研究视角对智库建设进行剖析。其中，《新型智库基本问题研究》就我国智库建设中的一些重大理论问题，尤其是一些容易形成理论误区的基本问题进行分析；《中国特色新型智库研究概览》选编了近期有关中国特色新型智库建设的观点著述，包括高层论述、论坛研讨、学术观点、国外经验等；《智库能力评价与创新》就当前国内外关于智库能力评价的经验做法进行梳理，提出关于中国智库能力的新框架，并相应就如何进行智库能力创新进行探讨；《智库协同创新研究》基于中国智库机构的“条条化”特点，以党校系统为例，探索智库协同创新问题；《智库建设法治化研究》基于国外智库建设法治化实践经验，探讨了如何促进中国智库法治化的目标与路径；《国际智库发展模式》从政策参与、影响社会、制度促进、组织管理、项目管理、全球化发展等角度，探讨了国际智库的发展经验；《中国民间智库发展研究》探讨了中国民间智库发展的历程、现状、制度环境、困境、策略等，并借鉴国外经验，提出中国民间智库发展的对策；《智库研究与管理方法》从微观层面入手，对智库研究方法和智库管理方法进行了梳理；《国外智库研究要览》从多个层面和角度汇集了国外关于智库的

① 参见邱均平：《中国智库理论研究的最新进展与趋势》，《重庆大学学报（社会科学版）》2016 年第 2 期。

学术研究现状、成果、经验等。

本丛书作者以中青年学者为主，他们在已经非常繁忙的现有教学、科研工作中额外付出大量心力，勇于在一个全新的领域进行探索，其精神可嘉。不必讳言，作为智库研究领域的新探索，这套丛书肯定存在着很多不足甚至缺陷。因为本丛书研究视角“多元”，而且定位“学术”研究，在当前国内智库研究总体水平不高、文献成果总体数量不多、专门研究者缺乏的情况下，研究深度必然受到“局限”，结合中国特色场景时难免生硬，在研究内容上难免出现交叉、重复。本丛书立足于抛砖引玉，所著材料和观点仅供广大研究者和实践者参考，期望能对大家理解中国特色新型智库建设的新思想、新观点、新目标和新举措等有所启发。我们能够承诺的是，丛书作者们将会继续在智库研究领域进行“深耕”，希望有机会能够对丛书中的内容不断进行更新，就更多、更具体的课题进行探讨，适时推出新的版本，使丛书内容更加丰富，更加贴近现实。诸多不当、不足之处，文责自负，请读者朋友谅解并指正。

本丛书得到了 2016 年度国家出版基金项目资助，得到了中央党校科研基金重点项目资助。在本丛书策划、出版过程中，中央党校出版社曲炜、楚双志两位编审付出大量心血。本丛书在写作中参考了许多国内外文献，体现了原著者、论者的理论和学术贡献。在此，对他们一并表示感谢。

黄宪起

2017 年 6 月

目录

第一章　智库发展与协同创新概述

第二章　综合智库跨学科协同创新

第三章　系统内智库协同创新——以全国党校系统为例

第七章　智库跨部门协同创新

第一章　智库发展与协同创新概述

在全球智库发展的大潮中，改革开放以来，随着我国经济社会的快速发展，中国智库建设也得到迅速发展。随着近年来中央提出建设中国特色新型智库战略，中国进入“智库时代”。目前，中国智库的总体发展状况和前景是好的，同时也在建设过程中出现了一些值得关注的现象。其中，就包括智库协同创新现象。可以说，我国智库协同创新，既有政策研究网络化、智库机构全球化等普遍性特征，也有根植于中国行政管理体制的条条化管理等“特色”特征，需要我们在理论和实际两个层面进行探讨。

一、全球智库时代

智库（think tank），也称“智囊团”“思想库”，是相对稳定且独立于政府决策机制的政策研究与咨询机构，是现代政府治理与决策体系的重要组成。智库是支撑西方近代大国崛起和兴盛的强大“思想源”和“无形利器”。纵观西方近现代历史，几乎每一个强大国家的崛起，都伴随着该国智囊机构的涌现。美国的崛起，更是与其强大的现代智库体系息息相关。时至今日，美国仍然执世界智库之牛耳。美国智库深刻影响着世界局势，是其当今全球领导力和影响力的重要保证。

作为创新思想的源泉，智库正成为现代各国“软实力”竞争的新战场。二战后，世界各国，特别是西方国家各种社会矛盾与问题凸显出来，加上美苏两大阵营对峙的世界局势，为智库提供了前所未有的发展空间。第三次科技革命的出现，为智库的发展提供了现代化的研究方法和工具，在客观上促进了智库的发展。另外，西方权力分立的政治体系，使智库有充分发挥作用的空间，国家和社会从制度上保障了智库的地位和对它的投入。在这种背景下，西方智库如雨后春笋般涌现。21 世纪以来，智库成为中西方国家“软实力”竞争的新焦点。随着信息时代和知识经济时代的来临，全球化进程不断加速，当今世界的国际竞争已经不仅仅体现于经济、科技等“硬实力”的竞争，以思想、观念、文化为核心的“软实力”竞争已越来越受到重视。世界各国面临的内政、外交问题越来越复杂，促使政策制定者向政府体系以外的独立智库寻求政策建议。由此，全球已经进入了一个崭新的智库时代。作为大国崛起过程中一个不可缺席的特殊角色，智库已越来越成为无形的竞争利器，成为大国软实力的重要标志之一①。不管是西方发达国家，还是包括中国在内的广大发展中国家，智库在科学决策中都有着不可替代的作用，全球智库整体呈现出蓬勃发展状态。

自 1900 年以来，世界智库一直呈现不断发展趋势。尤其 20 世纪 60 年代，增长速度明显加快。当前世界智库中约有 2/3 产生于 20 世纪 70 年代以后，半数成立于 80 年代以后。21 世纪以来，世界范围内智库发展进入内部整合阶段。据美国宾夕法尼亚大学近 6 年公布的《全球智库报告》统计，2008—2013 年，全球智库数量分别为 5456 家、6305 家、6480 家、6545 家、6603 家、6826 家，智库数量增长较快，发展趋势明显。以美国为例，美国现有智库中有 90%是 1951 年后成立的，1980 年以来智库数量翻了一番。美国在二战前只有布鲁金斯学会、胡佛研究所等 20 多家智库，到 2013 年智库的数量已增至 1828 家，形成了与其社会治理体制相适应、较为完善的决策咨询体系。

尤其在发达国家，智库逐渐成为国家治理体系的重要组成部分，

① 参见《全球进入智库时代》，《新华月报》2014 年第 19 期。

在国家治理中发挥着越来越重要的作用。发达国家智库也是加强国际传播能力和对外话语体系建设的中坚力量。一些发达国家智库为了确立自身的国际影响力，大都采取开放政策，坚持国际化经营、国际化研究、国际化交流的理念。这些智库往往发挥其广泛的人脉关系，以及对国际问题与形势的驾驭能力，开展高层次的人际传播与交流，积极开展“智库外交”，并成为其本国对外传播价值观念和政策主张的使者。

二、中国智库建设

中国的智囊文化源远流长，但产生现代意义上的智库却晚于西方。新中国成立后，虽然党校、社科院、高校、企业、军队院校等，以及党政部门政策研究机构，都在一定程度上发挥着咨政作用，但其主要职能都不是智库，也缺乏专门进行智库建设的意识。

我国真正有意识地全面开展智库建设，始于党的十八大之后。近年来，习近平总书记多次对我国智库建设作出重要批示，指出智库是国家软实力的重要组成，要高度重视、积极探索中国特色新型智库的组织形式和管理方式。2013 年 11 月 19 日召开的党的十八届三中全会，作出《中共中央关于全面深化改革若干重大问题的决定》，提出“加强中国特色新型智库建设，建立健全决策咨询制度”，将智库建设提上日程。2014 年 10 月 27 日，习近平总书记主持召开中央全面深化改革领导小组第六次会议，审议了《关于加强中国特色新型智库建设的意见》；2015 年 1 月 20 日，中办、国办印发了《关于加强中国特色新型智库建设的意见》。该意见成为我国推进智库建设的纲领性文件，中国智库建设由此开启了一个新的发展阶段，中国特色新型智库建设正在进入高潮。

中国特色新型智库具有重大意义，具体体现在以下几个方面：

第一，智库发展为全面深化改革提供决策咨询。经过 30 多年的改革开放，中国取得举世瞩目的成绩，但仍然遇到了很多发展难题。比如，经济发展和社会建设的关系，地区、城乡之间的发展平衡，政府与市场、社会的角色定位，贫富差距失控，环境恶化，还有原计划体制下的价值体系、组织结构、伦理秩序及社会关系模式逐步瓦解而出现的社会失范、失序、失公现象，乃至全球的气候变暖、金融危机、恐怖主义、文化冲突、局部战争、全球治理等等。全面深化改革中的诸多矛盾和问题，迫切需要从政策层面予以解决。在这个过程中，智库以其研究特长和智慧优势发挥着举足轻重的作用。深层次的社会问题逐渐凸显，也越来越复杂，迫切需要专业研究机构深度介入，提出具有战略性、科学性、综合性的政策建议和方案。正是在这个意义上说，中国迫切需要政策智慧的支持。一方面，社会转型导致社会矛盾丛生，经济社会的可持续发展面临许多新的问题和挑战，这给智库的发展带来难得的机遇；另一方面，这些问题及挑战的复杂性、艰巨性、多元性乃至全球性拷问着智库的智慧。随着我国国家治理体系和能力现代化建设的深入推进，中国特色新型智库是密切联系大学、研究机构、社会公众、政府决策部门的纽带与桥梁，深刻地影响着中国公共政策的形成与制定，是国家软实力的重要组成部分。国家治理现代化的伟大实践为中国智库建设提出了战略需求。国际经验表明，智库在国家治理过程中发挥着举足轻重的作用，我国当前实现治理现代化迫切需要发挥智库的支撑作用。

第二，智库发展是启发社会民智的重要思想源。智库为社会发展提供新思想、新主张、新理念。作为一种社会组织，智库以知识性、思想性和影响力内置于现代知识型社会的结构之中。对智库来说，政治系统的开放性、科学民主决策的制度化是其生存和发展至关重要的条件。如果公共决策过程是封闭的，表明政府、市场与社会这种现代结构性体制格局还没有形成，我们的体制改革还不彻底，适宜于社会发育、成长的体制条件还不具备，对智库来说还缺乏生存与发展所需要的土壤和环境。反之，若智库能够繁荣起来，说明有了合适的体制环境和运行机制，从而在预测、应对充满未知乃至风险的发展进程中，社会中的智力资源被源源不断地开发和调用。那么，这样的社会一定是强大的，充满着无限的生机、活力和创新力。从事“思想”生产和提供新的政策主张是智库的核心功能。世界和中国智库的发展经验都已表明，优秀智库一般通过对宏观战略性问题的长期跟踪分析和前瞻性研究，从专业角度撰写评论、发表论文、出版专著、举办研讨，反复倡导并努力将某种政策思想主张引向政策实践，引导和启迪公众积极参与政策讨论，对政策实施效果做出专家解读与传播，推动社会思潮与时俱进。

第三，智库政府与社会有效沟通的纽带。在全面深化改革进程中，现代智库可以具备平衡分歧的功能。在利益群体和诉求多元化的环境下，智库要借助其客观、公正的立场提出政策观点，为不同群体的利益诉求、多元利益和价值观念提供交流平台。在诉求多元化的舆论环境下，新型智库在中国的功能定位不能只满足于内部建言，而应起到政府决策层与社会舆论之间矛盾化解与协商沟通渠道的作用。智库学者应善于以通俗易懂的文字语言，贴近大众的沟通技巧，通过出版论著、发表评论、接受采访等各种方式，对社会公众进行政策的解读、普及，也可以从社会公众的角度向决策者反映下一步诉求。从这个角度讲，智库学者应视为“责任学者”“建言学者”，不应采用情绪化的批判或者毫无调查根据的妄言，而需要富有责任感与使命感，将最中肯的见解传递给大众与决策者，为培养社会理性与思想解放作出贡献。此外，随着中国经济实力和国际地位的不断提升，不同利益群体之间的价值观日益分化，加剧了社会矛盾与社会冲突。不同类型的智库代表了不同社会群体的利益诉求，以此寻求政策效果的最大公约数。智库之间的竞争与思想交锋，为多元利益主体互相交流与达成共识创造了可能。智库为不同利益主体解决分歧提供平台，在多元利益和价值导向下，减少社会不和谐因素。①

第四，智库发展是国家软实力增强的重要标志。我国提升国家的

---

① 参见上海社会科学院智库研究中心：《2014 年中国智库报告——发展特点与政策建议》人民网 http：//theory. people. com. cn/n/2015/0114/c40531－26381844. html.

软实力离不开智库的繁荣。智库最大的特点，在于它的专家和思想资源，这种资源一旦与现实问题结合起来，将会产生无限的创造力和影响力，从而推动社会进步与发展。在全球化不断深入的时代，城市、区域乃至国家之间的竞争有增无减，且呈现出新的形式，即越来越表现为谋略和智慧的竞争，因此，在战略意义上，竞争很大程度上属于“软实力”的较量，智库无疑是一个城市、区域乃至国家“软实力”的重要组成部分。今天，一些国家的强大与它拥有世界上最顶尖的智库是分不开的。从世界历史发展经验看，智库对一个国家的发展有重大推进作用。特别是在国家崛起的关键历史时期，尤为明显。一战后，以美国外交关系委员会为代表的一批智库出现，为美国在世界秩序中扮演重要角色做了铺垫；二战后，以兰德公司为代表的一批新型智库涌现，甚至影响了全球化时代的历史进程。

三、智库协同创新现象与研究框架

所谓“协同”，就是指两个或者两个以上的不同资源或者个体，协同一致地完成某一目标的过程。结构元素各自之间的协调、协作形成拉动效应，推动事物共同前进，对事物双方或多方而言，协同的结果使个体获益、整体加强、共同发展。而“协同创新”（collaborative innovation），是一种致力于相互取长补短的智慧行为，围绕创新目标，多主体、多元素共同协作、相互补充、配合协作。要实现协同创新，必须使得创新资源和要素进行有效汇聚，通过突破创新主体间的壁垒，实现深度合作，充分释放彼此间“人才、资本、信息、技术”等创新要素活力。2014 年 10 月 25 日，浦江创新论坛在上海开幕，国家主席习近平致信祝贺，特别强调本届浦江论坛的主题是“协同创新共享机遇”。①

---

① 学习大军：《习近平用“协同创新”思维促发展》，中国青年网 http：//pinglun. youth. cn/wywy/shsz/201410/t20141030_5944054. htm.

在我国当前智库建设热潮中，出现了各种协同创新现象，而且形式多样，令人瞩目。“智力资源是一个国家、一个民族最宝贵的资源，我们进行治国理政，必须善于集中各方面智慧、凝聚广泛力量，改革发展任务越是艰巨繁重，越需要强大智力支持。”① 通过智库协同创新，在各智库主体和智库平台功能定位基础上，突破区域、单位、学科、身份本位的界限，促进智库人才、经费、课题、成果的优化配置，实现智库主体的合纵连横、智库平台的联动互通、智库要素的优化重组和智库管理的机制创新，培养一批相互关联的高端和专业智库，形成定位明晰、特征鲜明、规模适度、布局合理，能够彰显地方软实力、为经济社会发展提供强大智力支撑的有机整体。说到底，智库协同创新，体现了“开门办智库”的有益思路。这里将这种智库协同创新现象的类别进行梳理，并简要分析其发生的动机或机理。

（一）智库内协同创新

我国当前许多开展智库建设的机构，比如党政研究部门、党校（行政学院）、社科院、高校等，往往并非纯粹意义上的智库，而是在继续发挥好现有学位教育、干部培训、学术研究、文件起草等基本职能的基础上，发挥一定程度的决策咨询作用。对于这些机构，智库建设是被赋予的新职能，而且是一个尚未建立起成熟运行机制的职能。这些机构要发挥好智库职能，至少需要在以下两个方面进行协同创新：

第一，机构内部的跨学科创新。社会综合性问题必须要求跨学科解决。政策科学具有典型的跨学科特征，要靠政治学、经济学、社会学、心理学等学科知识来确立自己崭新的学术体系。智库要分析的是当前紧迫的战略和政策问题，仅靠一个学科或者若干学科很难得出全面的解决方案。智库内学科间进行联合攻关，能为一些重大问题的研究提供宏观视角与更多层次思路，搭建更加全面系统的科学框架体系，

① 习近平：《学习贯彻党的十八届四中全会精神　运用法治思维和法治方式推进改革》，《人民日报》2014年10月28日。

促使切实有效的解决方案形成。实际上，许多开展智库建设的研究、教育或培训机构，其定位往往是所谓的综合性智库，内部包含多个学科。对于这些综合性智库，跨学科协同创新问题必不可少。

第二，智库机构内部的跨部门创新。对于专门的智库机构，会围绕核心研究部门建立完善的保障部门及协同运行机制。然而对于我国许多开展智库建设的机构来说，智库部门仅仅是下属众多业务部门中的一个，智库部门如何与其他“平级”部门进行协作、是否能够实现协同创新，就成为一个影响智库部门作用发挥的重要因素。

（二）智库间协同创新

也就是不同智库之间的协同创新问题。具体而言，这种智库间协作创新又包括四种不同的情况。

1. 系统内智库协同创新

也就是同一个行政系统内的智库机构协同问题。在行政管理模式上，中国具有典型的中央集权特征。相应地，这种模式通常会形成从中央到各级地方同类机构之间的“条条化”管理体制，特点是部门化、自上而下，就是我们通常所称的各种“系统”。当然，系统内的具体管理关系各自不同，有些属于垂直化管理，就是所谓的“直管”；更多的情况，属于自上而下的业务指导管理，行政上以地方“块块化”管理为主。这样的系统普遍存在，不仅包括政府部门，也包括各类党群事业单位。在智库建设领域，这种情况比比皆是，比如高校系统、党校系统、社科研系统、政府发展研究中心系统，等等。某个系统在开展智库建设时，往往会出现显著的统筹规划、协同推进现象。比如，2014 年，教育部印发《中国特色新型高校智库建设推进计划》，统筹高校系统发挥战略研究、政策建言、人才培养、舆论引导、公共外交的重要功能，打造高校智库品牌，带动高校咨政能力的整体提升。①

① 参见《教育部关于印发〈中国特色新型高校智库建设推进计划〉的通知》（教社科〔2014〕1 号），教育部网 http：//www. moe. gov. cn/srcsite/A13/s7061/201402/t20140212_164598. html.

2. 区域智库协同创新

每个智库都有自己的视野定位。有的智库视野定位为国际，有的智库视野定位为全国，而有的智库把视野定位为本地区。具体区域的大小不同，大到跨省份的京津冀、长三角、珠三角等，小到省内或若干相邻的市、县。那么，诸多立足于为当地发展献计献策的智库，就可以开展区域协同创新。比如，京津冀协同发展上升为国家战略以来，立足研究这一时代课题的智库接连成立。那么，如何通过协同创新把这些智库联动起来，用好“外脑”，是一个紧迫的课题。北京中央单位集中，高校和研究机构众多，智力资源丰富，建设新型智库就要加强与部属高校、首都高校、科研单位和社会组织的合作，探索建立国家级智库、北京市属智库、高校智库和民间智库协同创新机制。通过整合各方研究力量，联手开展研究攻关，搭建党委政府与学界、学者与实践之间紧密互动的平台。① 又如，2015 年 11 月，江苏省委办公厅、省政府办公厅印发《关于加强江苏新型智库建设的实施意见》的通知，对省内智库建设进行“统筹协调和分类指导，促进各类智库有序发展”。②

3. 跨类型智库协同创新

根据各自特点和标准，可以把智库划分为不同类型。综合来看，国内外智库研究学者对于智库类型的划分依据通常包括：智库的研究专业知识类型，智库的隶属关系和资金、智库的预算规模，智库研究问题的导向类型，以及智库的政治立场倾向和意识形态。由于立足点以及具体划分依据和方法不同，西方在智库类型划分上往往与中国存在较大差异。比如，威弗根据功能把智库划分为以学术理论研究为导向的智库、接受合同委托研究的智库、倡导型智库。③ 安德鲁·里奇

---

① 参见林坚：《以协同创新助推首都新型智库建设》，《北京日报》2016 年 2 月 26 日。

② 《关于加强江苏新型智库建设的实施意见》，《新华日报》2015 年 11 月 6 日。

③ 参见 Kent R. Weaver，*The Changing World of Think Tanks*，*Political Science and Politics*，1989，563—578.

将智库分为面向市场的、不面向市场的和合同研究三大类。[①] 麦肯根据智库中研究者的类型和智库的社会功能将智库划分成政党代言型智库、政策制定型智库、影子型智库、社会活动家型智库和学者型智库。[②] 而丁煌将智库划分为官方的智库机构、半官方的智库机构、民间的智库机构和大学的智库机构四类。[③] 汪延炯将智库分为单一课题组、合同制研究机构、大学的研究机构和倡导式思想库。[④] 薛澜、朱旭峰根据法律将我国智库划分为事业单位法人型智库、企业型智库、民办非企业单位法人型智库和大学下属型智库。[⑤] 本书根据我国实际，主要从智库的组织形式、隶属关系和研究领域三个方面出发，对我国智库进行归类，主要有政府智库、高校智库、民间智库以及企业智库四类。应该说，每种类型的智库都各有其特点和优势，也有其短板。通过不同类型的智库间协同创新，可以实现优势互补。

4. 智库国际协同创新

关注全球问题、建设国际化智库成为全球主要智库建设的目标和方向，提出前瞻性、创新性的看法和主张，能洞悉世界发展的潮流是成功智库的必备要素。全球智库全球化理念逐步加强，开始从对国别问题的关注转移到对全球化问题、全球共同治理等重大议题的关注上来。目前，国际上很多智库已经开始"拆围墙"，采取开放政策，通过实施国际化合作与研究，广泛建立国际合作网络，通过课题研究合作、召开国际会议等，通过全球合作，发挥智库对全球性议题的积极作用。国际智库更是坚持把"请进来"与"走出去"结合起来，通过内外互动提升自身影响力，如美国兰德公司每月组织150名调研咨询人员参

① 参见Andrew Rich，*Think Tanks*，*Public Policy*，*and the Politics of Expertise*，New York：Cambridge University Press，2004，88—92。

② 参见〔美〕詹姆斯·麦肯：《全球智库调查报告》，《外交政策》2009年第1期。

③ 参见丁煌：《美国的思想库及其在政府决策中的作用》，《国际技术经济研究学报》1997年第3期。

④ 参见汪延炯：《论思想库》，《中国软科学》1997年第2期。

⑤ 参见朱旭峰：《中国思想库——政策过程中的影响力研究》，清华大学出版社2009年版，第70—74页。

观访问外界的民间的军事科研机构，同时接待来自世界各地约 400 名同行和政治家的访问。在国际交往中心，我国智库应注重搭建国际交流平台，利用好国内外交流机会，借鉴和吸收国际智库研究成果，深度参与全球治理研究和政策对话，提升参与重大国际议题设置、国际规则制定、国际协商谈判的能力和水平。同时强化对外传播能力建设，在国际舞台上讲好中国故事，提升国际交往中心服务水平。

（三）智库跨部门协同创新

这里的“跨部门”，指的是智库与非智库机构间的协同创新。其中，最重要的智库跨部门协同创新，体现在智库机构与政府部门之间。政策科学创立者、美国学者哈罗德·D. 拉斯韦尔（Harold D. Lasswel）认为，作为政策科学基本规范之一，政策科学是一个需要专家学者和政府官员共同研究的学问，后者的实践经验对于政策科学的发展具有重要的意义。因此，智库开展政策研究，必须注重与政府部门、政府官员合作。实际上，政府对于智库的意义远不止于此。政府是智库研究的需求方，政府决策需求是智库开展相应研究的原动力。通过相应渠道使得政策研究成果对政府决策产生影响，是智库研究的最终归宿。另外，政府还往往是智库研究的重要资金来源和信息来源。实践中，智库与政府间的协同创新，推动者不仅是智库，还可能是政府部门。也就是说，智库和政府部门都可能彼此寻求与对方的合作。当然，智库的跨部门协作不仅仅发生在智库与政府之间，还发生在智库与企业之间，智库与教育、培训、研究机构等之间。

上述是从理论层面建立的关于智库协同创新的总体框架。为了研究更有针对性，除了本章作为概述之外，本书以下章节主要选取其中重要方面分别进行实践归纳、理论分析和对策建议。第二章，主要论述综合智库内部的跨学科协同创新，并以中国科学院智库建设为具体案例进行详细分析。第三章，主要论述条条管理体制下的“系统”内智库协同创新，并以党校系统智库建设为具体案例进行详细分析。第四章，主要论述跨类型智库协同创新，并以“一带一路”智库合作联盟为具体案例进行详细分析。第五章，主要论述智库区域协同创新，并以若干具体案例进行详细分析。第六章，主要论述智库国际协同创新，并以若干具体案例进行详细分析。第七章，主要论述智库跨部门协同创新，具体包括智库与政府、企业、高校及媒体等之间的协作，并分别结合实践进行分析。

四、协同创新理论与实践

协同并不是新生事物，它是随人类社会的出现而出现，并随着人类社会的进步而发展的。客观世界存在着各种各样的系统；社会的或自然界的，有生命或无生命的，宏观的或微观的系统等等。千差万别的系统，尽管其属性不同，但在整个环境中，各个系统间存在着相互影响而又相互合作的关系。其中也包括通常的社会现象，如不同单位间的相互配合与协作、部门间关系的协调、企业间相互竞争的作用，以及系统中的相互干扰和制约等。

本质上，协同创新是一种组织内部或相互之间形成的知识（思想、专业技能、技术）分享机制，特点是各独立的创新主体拥有共同的目标、内在动力、直接沟通、依靠现代信息技术构建资源平台，进行多方位交流，多样化协作。协同创新以知识增值为核心，通过创新组织模式，企业、政府、知识生产机构（大学、研究机构）、中介机构和用户等为了实现重大创新而开展的大跨度整合。合作的绩效高低，很大程度上取决于知识增值的效率和运行模式。知识经济时代，传统资源如土地、劳动力和资本的回报率日益减少，信息和知识已经成为财富的主要创造者。在知识增值过程中，相关的活动包括有知识的探索和寻找，知识的检索和提取，知识的开发、利用以及两者之间的平衡，知识的获取、分享和扩散等。协同创新过程中知识活动过程不断循环，通过互动过程，越来越多的知识从知识库中被挖掘出来，转化为资本，并且形成很强的规模效应和范围效应，为社会创造巨大的经济效益和社会效益。①

研究事物的协同性，便形成协同理论，也就是关于“合作的科学”。协同理论是系统科学的重要分支理论，它研究不同事物共同特征及其协同机理，着重探讨各种系统从无序变为有序时的相似性，是20世纪70年代以来，在多学科研究基础上逐渐形成和发展起来的一门新兴学科。近几十年来，这门学科获得长远发展并被广泛应用。协同论的创始人，是联邦德国斯图加特大学教授、著名物理学家哈肯（Hermann Haken）。他解释说，之所以把这个学科称为“协同学”，一方面是由于我们所研究的对象是许多子系统的联合作用，以产生宏观尺度上的结构和功能；另一方面，它又是由许多不同的学科进行合作，来发现自组织系统的一般原理。

协同论具有普适性特征，应用范围广阔。由于协同论把它的研究领域扩展到许多学科，并且试图对似乎完全不同的学科之间增进“相互了解”和“相互促进”，无疑，协同论就成为软科学研究的重要工具和方法。它不仅可以应用于物理学、化学、生物学、天文学等，还可以应用于经济学、社会学以及管理科学等许多社会科学。比如，经济学领域中的城市发展问题、经济繁荣与衰退问题、技术革新和经济事态发展等方面的各种协同效应问题；社会学领域中的舆论形成模型、大众传媒的作用、社会体制以及社会革命等问题。因此，协同论作为一门研究完全不同学科中共同存在的本质特征为目的的系统理论，其广泛的适用性或普适性是显而易见的。

正是它的这种普适性，把协同论引入管理研究，必将对管理理论的发展以及对解决现实管理领域中的问题具有启迪意义，为管理研究提供了新的思维模式和理论视角。协同是现代管理发展的必然要求。协同论告诉我们，系统能否发挥协同效应是由系统内部各子系统或组分的协同作用决定的，协同得好，系统的整体性功能就好。如果一个

① 参见李兴华：《协同创新是提高自主创新能力和效率的最佳形式和途径》，《科技日报》2011年9月22日。

管理系统内部，人、组织、环境等各子系统内部以及他们之间相互协调配合，共同围绕目标齐心协力地运作，那么就能产生 1+1>2 的协同效应。反之，如果一个管理系统内部相互掣肘、离散、冲突或摩擦，就会造成整个管理系统内耗增加、系统内各子系统难以发挥其应有的功能，致使整个系统陷于一种混乱无序的状态。

现代管理面临着一个复杂多变、不可预测、竞争激烈的环境，如全球一体化的趋势明显，组织间的竞争变得激烈纷呈；高新技术的出现和更迭越来越快，产品的生命周期越来越短；消费者导向的时代已经到来，消费趋向多样化、个性化，对组织机构的活动方式带来了新的挑战，组织环境变化和人们需求质量的提高，对组织机构的生产与服务提出了更高的要求，等等。在这样的背景下，各种组织系统要生存和发展，除了协同好内部各子系统之间的关系之外，还需协同一切可以协同的力量来弥补自身的不足，提高自身的竞争优势。

协同效应是协同理论的重要内容。协同效应指由于协同作用而产生的结果，是指复杂开放系统中大量子系统相互作用而产生的整体效应或集体效应。对千差万别的自然系统或社会系统而言，均存在着协同作用。协同作用是系统有序结构形成的内驱力。任何复杂系统，当在外来能量的作用下或物质的聚集态达到某种临界值时，子系统之间就会产生协同作用。这种协同作用能使系统在临界点发生质变产生协同效应，使系统从无序变为有序，从混沌中产生某种稳定结构。协同效应说明了系统自组织现象的观点。

自组织原理是协同理论的另一个重要内容。有学者提出协同创新的理论框架，即战略协同、知识协同和组织协同。① 我们在本书中主要关心的内容，就是组织维度上的协同创新。自组织是相对于他组织而言的。他组织是指组织指令和组织能力来自系统外部，而自组织则指系统在没有外部指令的条件下，其内部子系统之间能够按照某种规则自动形成一定的结构或功能，具有内在性和自生性特点。自组织原

① 参见何郁冰：《产学研协同创新的理论模式》，《科学学研究》2012 年第 2 期。

理解释了在一定的外部能量流、信息流和物质流输入的条件下，系统会通过大量子系统之间的协同作用而形成新的时间、空间或功能有序结构。

自组织是管理系统自我完善的根本途径。协同论的自组织原理旨在解释系统从无序向有序演化的过程，实质上就是系统内部进行自组织的过程，协同是自组织的形式和手段。由此可以认为，现代管理系统要想从无序的不稳定状态向有序的稳定状态发展，实现自我完善和发展，自组织是达到这一目的的根本途径。当然。管理系统要实现自组织过程，就必须具备自组织实现的条件。首先，管理系统必须具有开放性。能与外界进行物质、能量和信息的交流，确保系统具有生存和发展的活力；其次，管理系统必须具有非线性相干性，内部各子系统必须协调合作，减少内耗，充分发挥各自的功能效应。

协同创新已经成为创新型国家和地区提高自主创新能力的全新组织模式。随着技术创新复杂性的增强、速度的加快以及全球化的发展，当代创新模式已突破传统的线性和链式模式，呈现出非线性、多角色、网络化、开放性的特征，并逐步演变为以多元主体协同互动为基础的协同创新模式，受到各国创新理论家和创新政策制定者的高度重视。纵观发达国家创新发展的实践，其中一条最重要的成功经验，就是打破领域、区域和国别的界限，实现地区性及全球性的协同创新，构建起庞大的创新网络，实现创新要素最大限度的整合。比如，美国硅谷成功的关键在于区域内的企业、大学、研究机构、行业协会等形成了扁平化和自治型的“联合创新网络”，使来自全球各地的创新创业者到此能够以较低的创新成本，获取较高的创新价值。在欧洲，随着欧洲一体化进程的加快，协同创新网络蓬勃发展。特别是芬兰、爱尔兰、瑞典、瑞士等北欧小国，技术创新实力虽然不如德国、英国、法国等老牌大国，但通过积极推进协同创新，建立全球性创新网络，创新能力也得到跨越式的发展。尤其在科技经济全球化的环境下，实现以开放、合作、共享的创新模式被实践证明是有效提高创新效率的重要途径。充分调动企业、大学、科研机构等各类创新主体的积极性和创造性，跨学科、跨部门、跨行业组织实施深度合作和开放创新，对于加快不同领域、不同行业以及创新链各环节之间的技术融合与扩散，显得更为重要。协同创新是各个创新要素的整合以及创新资源在系统内的无障碍流动。① 近年来，我国在多个领域有了开展协同创新的成功经验，比如，教育部自 2012 年启动实施“高等学校创新能力提升计划”（简称“2011 计划”），四年为一个周期，旨在建立一批“2011 协同创新中心”，大力推进高校与高校、科研院所、行业企业、地方政府以及国外科研机构的深度合作，探索适应于不同需求的协同创新模式，营造有利于协同创新的环境和氛围。

① 参见陈劲、阳银娟：《协同创新的理论基础与内涵》，《科学学研究》2012 年第 2 期。

第二章　综合智库跨学科协同创新

综合智库的跨学科协同创新在中国许多高校已经事实性地开展起来，它们大多叫做某某研究中心，多数偏向理工类自然科学。近一两年，中国正在全面开展综合性跨学科智库建设，未来中国将建设成为兼具自然科学综合、社会科学综合和自然社会科学综合的多种样态的跨部门的优秀智库。

一、综合智库跨学科协同创新的理论分析

我们可以看到，在我国科学、教育、管理界，“跨学科研究”或“交叉科学”已是一个频频亮相的词汇，从各种会议到各色文件、从课题申报到奖项评审、从课程设置到智库建设，几乎都含有“跨学科研究”或“交叉科学”的字眼，似乎跨学科研究和交叉科学已受到普遍重视。但深入分析，可以发现，关于智库的“跨学科建设”或“交叉科学研究”，只是止于现象和经验层面，它所包含的具体内容、发展特点和规律，却很少有人关注，以至口号层面的综合智库跨学科协同创新等提法居多，而具体落实却很单调和狭隘。从实质上说，传统的学科观和学科分类体制仍占统治地位，跨学科的学科和研究被看成了学科的衍生物，除少数热门跨学科的学科外，大多数跨学科的学科生存和发展，都面临种种困境。跨学科的学科数量浩繁，形态万千，如何探索跨学科的学科以及智库发展的整体规律、把握跨学科智库建设的

原理和方法，建设智库内部有利于跨学科的灵活管理机制，充分发挥跨学科研究在科研创新中的作用，是当前智库建设领域共同关注的一个重要问题。

跨学科的智库建设关键要把握跨学科的经验和规律，把握好跨学科过程中应该注意到的细节和逻辑。从学科系统形成的角度，我们可以把全部学科分为两大系统。一是以对象为中心建立起来的对象学科系统；二是以问题为中心建立起来的问题学科系统。前者的主要功能是解释世界，后者的主要功能则是改造世界。20 世纪初，随着人们认识世界的深入，一来由于研究对象的复杂性和综合性不断提高，任何单学科都难以完成研究任务，而必须依靠多学科的交汇、融合才能揭示复杂现象的本质；二来研究主体也运用具有高度的集成性和相互借鉴渗透的研究方法。因此，各个研究对象之间的关系开始受到科学界的普遍关注。学科的边缘地带大量涌现出二元的交叉学科，这些二元交叉性学科的出现，在一定程度上弥补了以往学科之间的裂痕，改变了学科分割的局面但仍限于两个研究对象之间的关系。因而，这些学科本质上仍属于以对象为中心建立起来的学科系统。20 世纪 40 年代以后，随着研究主体视野的拓宽，研究对象相互的交汇，某种整体的科学—系统科学包括系统论、信息论、控制论开始形成，从而为现代的科学研究展示出一个崭新的前景。系统科学的出现，体现了科学技术综合化和科学社会一体化的趋势，改变了近代以来的学科分割的局面，沟通了各个学科之间的联系。

古希腊和古罗马的学者将学问包含着科学的古代哲学分为“物理学”“伦理学”和“逻辑学”三大类。其中的“物理学”包括自然物理学近似于现代的自然科学、社会物理学近似于现代的实证的社会科学和形而上学即“物理学”之后，亦即古代自然哲学，它实质上是关于事实的学问。其中的“伦理学”不同于我们今天所说的伦理学，而主要是指关于价值的学问，同时也含有实践哲学的内容——因为价值意味着“应当怎样”，它不但包括“应当怎样”才好，而且包含“应当怎样做”才行。其中的“逻辑学”主要是关于思维方式和思维规律的学问，也暗含着理智思维关于事实的思维的逻辑和价值思维的逻辑。当代科学面临着来自社会的三大挑战是人类生存环境的恶化倾向、高技术评估的困难和科学与人文两种文化的不平衡。这些挑战是社会对科学需求的突出表现。在这种情况下，科学的社会效果甚至连同它的生命力，都取决于科学对其资源利用的程度、科学的目标与社会需求结合的程度、科学面对社会需求的自我调节和应变能力。科学自身发展的逻辑和社会需求的交汇点是新学科系统的生长点。

我国长期形成的科研、教学传统体制都是按文理分家、学科分立建制的，跨学科强大潮流出现，与传统分科观念体制产生了深刻的冲突。一方面，我国学科割据之势严重，自然科学、社会科学、人文科学、技术科学各大门类内部不同学科专业之间，特别是各大门类学科之间缺乏互动交流，交叉性新学科生存发展环境尴尬；另一方面，对学科交叉现象的整体研究长期受到忽视，没有相应的研究机构和学术交流阵地，缺乏深入的机制探讨和支撑体系整体建设，大多数跨学科的学科或跨学科研究难以找到落实点和支撑点。一些具有原创探索性的交叉学科或交叉项目更难获得正常的生存发展机会。随着我国科技创新实践需求的加大，跨学科越来越引起从中央各部门、各高校及各行业领域的关注。近年来，我国跨学科研究和人才培养工作发展很快，但还不适应国家科技、经济、教育发展的战略需要，与发达国家相比也还有很大的差距。我国跨学科建设和智库跨学科的理论方面建设主要表现在以下方面：

第一，交叉学科与人才培养的战略思想和整体规划。在国家中长期科学和技术发展规划纲要、教育部制定的高校中长期科技规划以及一些主要研究型大学的发展战略规划中都将发展交叉科学研究放在重要的位置。但是，我国还没有形成交叉科学发展的国家战略思路，在政策支持和制度设计方面滞后于科学技术的发展和人才培养的现实需要。

第二，交叉学科研究与人才培养的资助力度和资助方式。在部分国家科学基金项目，如自然科学基金、重大计划等中，已开辟了跨学科研究项目的申请渠道，教育部的各种基金中也重视跨学科研究项目。但是在各类项目基金计划中，跨学科研究领域没有单列，总体上仍然处于边缘状态。同时缺少对基地中心的支持，很难保证跨学科研究的可持续发展。

第三，交叉学科研究与人才培养的管理体制。不少高校和独立研究机构通过设立矩阵式的跨学科研究机构来促进交叉学科发展，教育部也在积极推动研究型大学的跨学科创新平台建设。但是受管理体制的制约，我国的各类研究基地的学科覆盖面一般都很窄，难以开展多交叉学科研究。高校内部实施的校、院、系管理体制也不利于独立的跨学科研究机构的发展。

第四，交叉学科研究与人才培养的运行机制。虽然交叉学科研究的重要意义等论述在宏观政策和报告中已耳熟能详，但在具体实施过程中，运行机制障碍重重，如交叉学科研究与人才培养的资源配置机制，从事交叉学科研究的教师聘任、考核、晋升机制，交叉学科研究成果奖励的评审机制，交叉学科人才的招生、培养机制等仍不完善。

第五，交叉学科领域划分和学科专业设置。近年来，国务院学位办和教育部在自设交叉学科博士点、下放专业设置自主权等方面进行了积极的开拓，取得了明显的效果。但是学科领域和专业目录设置政出多门，刚性很强，政府职能部门，如国家标准局、发改委、科技部、基金委、教育部、国务院学位办等都单独制定自己的目录，比较混乱，且这些目录没有单独设立交叉学科大类，不利于交叉学科发展。

二、综合智库跨学科协同创新的实践前瞻

目前，中国综合智库的跨学科协同创新的类似情况很多，许多高校的研究中心都是跨学科性质的智库，也有针对当前国内国际问题而专门成立的“一带一路”软力量建设高端论坛，这也是国内首家高校跨学科智库联合体。下面我们举两个具体案例来看跨学科智库发展实践。

武汉大学在 2003 年 4 月 8 日成立的生命伦理学研究中心，涉及的

领域包括生物技术、医学科学、伦理学、社会学、宗教学、政治学、科技哲学、法学、心理学等多种学科。生命伦理学是新兴的一门边缘交叉学科，是自然科学与人文科学相互渗透的结果。生命伦理学研究中心是武汉大学第一个文、理兼容的学术研究机构。该中心将加强与国内外生命伦理学专家学者的交流合作，重点针对艾滋病防治、同异种器官移植、人类胚胎干细胞、克隆人、基因诊断等的研究与伦理学的关系，以及知情同意原则、现代生物技术与人的异化、安乐死在中国的立法、临终关怀在中国的发展前景、遗传学家的社会责任等热点问题开展联合研究，并将在全校学生中开设公选课。该中心汇集了生命科学学院、政治与行政学院、人文科学学院等学院的一批学者，中心主任由生命科学学院院长、博士生导师何光存担任。该中心已聘请国际人类基因组织伦理委员会委员、中国社会科学院研究员邱仁宗教授担任名誉主任。湖北省伦理学会会长韩东屏教授等被聘为中心特约研究员。还邀请了德国、新西兰、北大、中国协和医院等高校的多位学者担任特约研究员。

2017 年 1 月 7 日“一带一路”软力量建设高端论坛在中国传媒大学举行，成立了中国首家高校跨学科智库联合体。中国传媒大学校长、国家传播创新研究中心主任胡正荣在欢迎辞中表示，智库建设需要落实理论和实践。中国传媒大学联合十所教育部人文社科重点研究基地，积极探索中国特色高校智库的组织管理形式，为“一带一路”人文交流机制提供智力支持。中联部、教育部、新闻出版广电总局、中宣部、外交部相关领导出席会议并致辞。人民日报社、新华社、中央人民广播电台、中国国际广播电台、中央电视台等中央媒体相关负责人就“一带一路”倡议与国际传播、加速智库媒体融合及助力“一带一路”建设、“一带一路”建设与媒体使命等议题发表主题演讲。该智库联合体成员的负责人分别从各自学科视角出发，深入探讨了“一带一路”倡议与国家软力量建设。此次成立的“教育部人文社科重点研究基地跨学科智库联合体”成员包括（排名不分先后）：东北亚研究中心（吉林大学）、俄罗斯研究中心（华东师范大学）、国家传播创新研究中心（中国传媒大学）、国际法研究所（武汉大学）、华侨华人研究院（暨南大学）、媒体发展研究中心（武汉大学）、信息资源研究中心（武汉大学）、亚太经济合作组织（APEC）研究中心（南开大学）、中东研究所（上海外国语大学）、中国经济特区研究中心（深圳大学）。研究领域涵盖法学、政治学、社会学、理论经济学、应用经济学、图书情报与档案管理、新闻传播学、公共管理、工商管理、戏剧与影视学等 10 余个国家一级学科。联合体将依托不同研究基地的优势，适应国家需求，围绕“一带一路”倡议中的人文交流议题开展合作研究，为“一带一路”和“人文交流”战略实施提供切实管用的专业性、建设性、前瞻性政策建议，发挥智库咨政建言、理论创新等重要功能。

总体上看，中国跨智库协同创新在自然科学类科目上实现了快速协同创新并产出成果的局面，而社会科学类智库往往有赖于国家战略发展的推动和整个中国改革的推进。党的十八大以来，全面深化改革、全面推进依法治国等战略为跨学科的综合智库提供了良好的外部环境和学科跨越条件，国家战略的设计和实施有赖于各个社会科学科目的协同创新和互鉴，需要从战略层面把各个学科统筹起来，集体出谋划策，这也是“一带一路”软实力建设高端论坛成立的最重要原因。

三、综合智库跨学科协同创新之典型案例分析

中国科学院科技战略咨询院（简称“战略咨询院”）是中国科学院学部发挥国家科学技术方面最高咨询机构作用的研究和支撑机构，是中国科学院率先建成国家高水平科技智库的重要载体和综合集成平台，是集成中国科学院内外以及国内外优势力量建设的创新研究院。战略咨询院立足科技特色，以跨机构、跨学科、跨领域深度协同、高度灵活地组织运行机制，汇聚高端科技智力资源，为国家宏观决策提供科学依据和咨询建议，已经成为中国特色新型智库的有机组成部分。本部分将对其进行详细剖析。

（一）成立背景——促进协同

率先建成国家高水平科技智库是党和国家赋予中科院的光荣使命，作为国家在科技技术方面的最高咨询机构的中科院自成立以来即承担着科学思想库功能，依托科技人才荟萃和多学科交叉融合的优势，在服务国家宏观决策中发挥着重要作用。

2013 年 7 月 17 日，习近平总书记在视察中科院时进一步明确提出中科院要“率先建成国家高水平科技智库”。党的十八大和十八届三中全会要求加强中国特色新型智库建设，建立健全决策咨询制度。面对新形势新要求，为建立研究机构、学部、教育机构深度协同的思想库组织管理体系，2014 年 6 月，白春礼院长在中国科学院第十七次院士大会上宣布，中国科学院将组建科技战略咨询研究院，以学部为主导，发挥中国科学院独特优势，建立起有效支撑战略咨询研究工作的研究和管理平台。2015 年 5 月，中科院正式成立非法人机构战略咨询研究院，建立了包括 30 多个研究中心或领域战略研究组的决策咨询服务体系，标志着中科院国家高水平科技智库建设进入新的历史发展阶段。

2015 年 11 月，中国科学院被确定为党中央、国务院、中央军委直属的首批 10 家第一类高端智库建设试点单位之一，并明确试点的重点任务是建设科技战略咨询研究院。2015 年 12 月，中科院党组决定，以中国科学院科技政策与管理科学研究所更名方式组建事业法人机构中国科学院科技战略咨询研究院。2016 年 1 月 20 日，组建宣布大会召开。2016 年 10 月，经中央机构编制委员会办公室批准，战略咨询院获正式事业法人地位。

战略咨询院的主要任务是发挥中国科学院集科研院所、学部、教育机构为一体的优势，从科技规律出发研判科技发展的趋势和突破方向，从科技影响的角度研究经济社会发展和国家安全重大问题，聚焦科技发展战略、科技和创新政策、生态文明与可持续发展战略、预测预见分析、战略情报等领域，汇聚国内外优秀人才，建设开放合作的战略与政策国际研究网络，为国家宏观决策提供科学依据和咨询建议。

（二）基础条件——资源协同

经过多年发展，中科院已经具备建设国家高水平科技智库的良好基础和深厚积累，战略咨询院的成立能有效实现四大优势资源的有机协同，突破了原有资源优势不能充分发挥的瓶颈问题。具体四大优势包括：

第一，拥有高水平人才和建制化优势。中科院集学部、研究院所和教育机构“三位一体”，学部汇聚了700多位院士，具有高端人才聚集和跨学科、跨行业、跨部门的独特优势，是中科院率先建成国家高水平科技智库的中坚力量；拥有104个研究机构，覆盖能源、信息、健康、农业、生态、空间、海洋、基础交叉前沿、科技战略、创新政策等学科领域，一线专家众多，已经涌现出一批具有战略眼光的研究团队、战略科学家和高端人才队伍；拥有中国科学院大学、中国科学技术大学以及与上海市政府共建的上海科技大学，具有坚实的战略研究的学科基础。

第二，科技思想源丰富。在科学前瞻、技术预见，特别是把握科技发展态势和重点突破方向方面，有权威影响；在资源环境、生态文明、可持续发展战略研究方面，独具特色；在科技体制、科技政策、管理科学、科技史和科技伦理研究等方面，研究基础雄厚。

第三，系统、定量科学分析独具优势。基于系统科学、运筹学、预测科学等科学理论的预测方法、定量分析和政策模拟方法；基于信息技术的数据采集、挖掘、分析和可视化展现的现代工具；对自然环境和生态系统长期观测积累形成的系统科学数据，以及科学实验、遥感手段、卫星观测等获得的科学数据。这些系统、定量的科学分析方法和科学数据，已经并将继续为国家重大决策发挥重要科学支撑作用。

第四，具有科技战略情报分析系统的优势。中科院拥有国内最强的科技战略情报分析系统，有多个科技领域情报研究团队，长期跟踪国际最新科技进展、重要国家和国际组织关注的重要科技问题，系统开展科技发展战略、科技热点和前沿的研究分析，为国家前瞻谋划和布局前沿科技领域与方向，提供准确而及时的信息情报支持。

（三）管理体系——机构协同

按照《国家高端智库建设试点工作方案》要求，借鉴国内外科技智库建设的成功经验，战略咨询院充分考虑到现代科学研究的多学科交叉特性和解决重大战略需求问题的复杂性，深入推进体制机制改革，探索中国特色新型智库的组织形式和管理方式，逐步形成了统分结合、规范有序、科学高效、富有活力的组织体系和运行机制。

战略咨询院实行理事会领导下的院长负责制，设立学术委员会对发展方向和重大问题提出咨询意见，并设由外部专家组成的咨询顾问委员会提供咨询指导。理事会是战略咨询院的领导决策机构。理事长由中国科学院院长担任，副理事长由中国科学院有关领导担任，理事成员包括中国科学院协管院领导，学部各专门委员会主任，学部工作局、前沿科学与教育局、重大科技任务局、科技促进发展局、发展规划局、条件保障与财务局、人事局、科学传播局等局局长，战略咨询院院长。理事会除审定战略咨询院发展战略、管理章程和重要研究方向外，还具有统筹协同中科院相关研究力量和资源的功能。

在内部治理结构上，战略咨询院建立了包括综合管理、学部支撑、科学研究、交流传播和科教融合五个板块在内的组织体系。管理方面，按照理顺关系、规范管理、提高效能的原则，成立联合办公室、科技管理处、人力资源处、资产管理处、对外合作交流处。业务方面，组建科技发展战略研究所、创新发展政策研究所、可持续发展战略研究所、系统分析与管理研究所、科技战略情报研究所五个研究所。成立重大任务管理集成部，负责智库联络、重大课题管理、研究综合集成、成果产品报送，实现与高端智库理事会、高端智库试点单位、高端智库重大专项研究项目承担单位的联系沟通。建立信息网络与传播中心，承担内部智库产品质量控制、协调管理和外部交流传播工作，畅通内外成果交流渠道。

按照各自职责，与中科院院部相关局建立了工作对接、协同联系机制；强化了学部研究支撑力度，围绕学部咨询评议、学术与出版、科学普及与教育、道德建设四个工作委员会，成立了学部咨询研究、学科研究、科学规范与伦理研究、科普与教育研究四个支撑中心，为学部和院部提供专业化研究支撑。强化评估研究中心，成立第三方评估研究支撑中心，支撑中科院院部和学部承担国家和区域的各类第三方评估任务；协同中科院大学相关学院、科技资源管理研究中心、地理与资源科学研究所等单元和专家团队，组建中科院大学公共管理学院。

挂靠管理中国发展战略学研究会、中国高技术产业发展促进会、中国科学学与科技政策研究会、中国优选法统筹法与经济数学研究会四个国家一级学会，组织联系与科技智库业务具有密切联系的机构或个人，促进科技政策、创新研究等领域学术交流。

(四) 业务布局——任务协同

智库研究本身是一项系统的组织和综合集成工作。作为科技智库的战略咨询院以服务党中央、国务院和中央军委决策为职责，集学部研究支撑、综合集成平台和学科领域研究三大功能于一体，坚持问题导向、证据导向、科学导向，逐步形成了以决策咨询任务为导向的“小核心大网络”和矩阵式科技组织管理模式，建立了聚智善谋的开放、高效、专业化的综合集成平台，形成了“科技突破前瞻”“源头技术预见”“生态文明建设”“科技体制变革”“决策支持系统”五大品牌序列。

1. 建立重大任务导向的科研任务组织模式

战略咨询院聚焦促进科技发展和科技促进发展，从科技规律出发前瞻思考世界科技发展走势，从科学技术影响和作用的角度研究国内国际经济社会发展的重大问题，凝练确定了科技发展战略、科技和创新政策、生态文明和可持续发展战略、定量预测与预见分析、科技战略情报和数据平台五大特色方向。这些特色方向涉及众多学科，如战略学、未来学、管理科学、资源环境科学、运筹学、系统学、情报学等学科，战略咨询院整合多方优势力量，探索建立了多个研究机构协同开展全方位、多维度、多层次研究的平台，形成纵横协同的网络化研究活动组织模式。

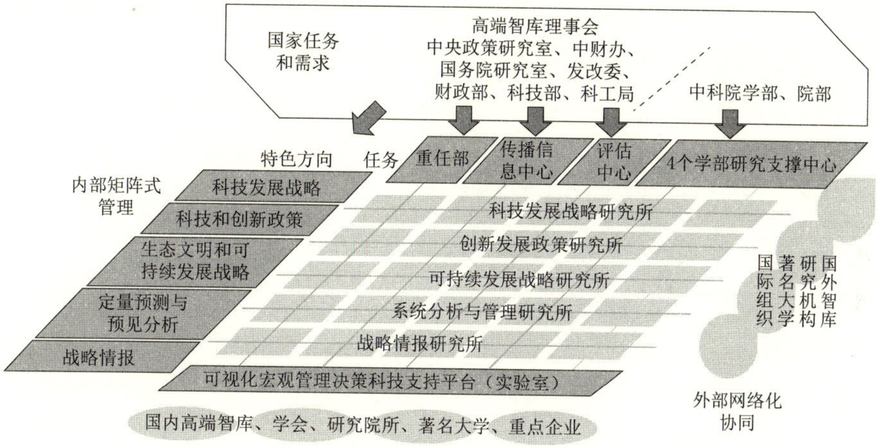

科研任务活动组织模式图

科技发展战略研究聚焦科技发展路线图、科研布局、科技安全、科技立法、科技体制、科技资源配置、科技评估、科技人才政策等研究；科技和创新政策研究聚焦创新驱动发展战略重大问题，开展创新发展理论方法、创新和创业政策、产业创新、区域创新发展、企业创新、知识产权管理等研究；生态文明和可持续发展战略研究聚焦生态文明体制建设重大问题，开展生态文明理论体系、可持续发展战略与政策、能源与应对气候变化、国土空间规划、区域发展政策、地缘政治和经济、地理过程模拟等研究；定量预测与预见分析重点是发展系统分析方法、工具和平台，开展定量预测与政策模拟、公共安全与应急管理、社会预警、大数据管理决策、经济与金融监测等研究；科技战略情报和数据平台建设重点是跟踪国际科技战略和动态，研判科技发展趋势与前沿，建设共享数据平台和监测分析平台等。

2. 建立从重大决策需求出发的协同选题模式

一方面，高质量完成党中央、国务院、院党组等交办的重要任务外；另一方面，建立了政策、科技、管理和情报等多方面专家协同参与的集成研讨机制，邀请国家有关决策部门的政策研究人员，会同院士专家、管理专家和战略情报专家等参与研讨，提出既瞄准国家重大需求，又能发挥我院科研优势的重大选题，建立定期与政府沟通的渠道和机制、年度选题制度与临时性任务结合的机制。

3. 重大任务研究采取跨学科专家深度协同的研究模式

战略咨询院目前主要承担着直接服务党中央、国务院、中央军委决策的任务，国家部委或中科院委托的研究任务，自主选题部署的战略性前瞻性研究任务，来自地方或企业的研究任务。对于重大选题，建立包括总体组、专家组和评议组三个层次的研究团队，组织政策、科技、情报、管理四类专家发挥各自所长、深度协同开展研究，确保研究成果的前瞻性和可操作性。如《科技发展新态势与面向2020年的战略选择》，成立了由白春礼院长领导的总体组、18个重要领域科技发展研究组，各领域研究组分领域形成研究报告后，总体组邀请领域研究组的院士专家交流互动，从能源、材料、信息、人口健康、航空、地球科学、交叉前沿等领域分别提出未来5—10年可能发生的重大科技突破和政策建议，撰写形成研究报告。具体研究方法上，情报研究团队在持续跟踪扫描科技发展动态基础上，通过信息挖掘和综合分析揭示内在发展趋势和规律，为各个领域研究前沿提供情报基础和基础性数据支撑，即从Data到Information，然后情报分析与研究领域权威专家的智慧和专业研判相结合，提出各个领域可能发生的重大突破，即从Information到Intelligence，最后，以问题为导向，凝聚科技专家、政策管理、领域专家智慧，提出相应的政策建议，即提出了解决方案（Solution）。

（五）保障条件——协同基础

战略咨询院的成立是中科院落实习近平总书记对中科院率先建成国家高水平科技智库的要求，开展国家高端智库建设试点工作的一项战略举措。为实现优势力量整合、加强集成管理，战略咨询院在人才队伍建设、管理机制改革、成果传播与评价标准建设、学科发展建设等方面不断探索，取得可喜成效。

1. 形成“小核心、大网络”人才队伍

紧扣科技智库特色，整合相关优势力量，不断充实完善战略咨询院人才队伍和科研实力，组建专业化核心研究队伍、客座研究队伍和网络化合作研究队伍，形成了“小核心、大网络”的人才队伍。通过整合划转和招聘建立了一支200多人的核心研究队伍；外部聘请一批在国务院研究室等部门工作过的专家、国内外知名大学和机构的专家作为客座研究队伍；初步形成覆盖全院、辐射全国和全球的网络化队伍。建立中国科学院科技智库特聘研究员制度，积极探索外聘战略咨询项目首席专家、核心专家、客座研究员和“旋转门”机制。

2. 建立适应高端科技智库特点的管理机制

为保证战略咨询院可持续发展，重点探索建立了五个重要机制：（1）建立适应国家高端智库试点要求的决策支持机制，对口联系国家高端智库试点工作部门，有效和便捷地开展试点工作；（2）建立与国家宏观决策部门沟通联系的机制，在优势领域提供整体决策咨询服务；（3）建立与院机关相关部门的协调（会商）机制，根据学部、院部需求和任务要求，提出一揽子任务组织实施方案，整体对接学部和院部职能部门；（4）建立战略咨询院内部协调运转的有效机制，建立矩阵式任务组织实施模式，促进研究团队之间的交流合作；（5）建立与国内外高端智库开放合作的机制，开展与其他高端智库试点单位、国际著名科技类智库、重要国际组织、著名大学的合作交流。

3. 建立多层次的智库成果传播体系

创办内刊，直接向党中央、国务院、中央军委和全国人大、全国政协及有关部门及时报送战略研究、咨询研究、决策研究的重要成果和高端智库建设试点进展；以对上专报形式，向中办、国办报送研究成果，及时向中央决策层报送智库研究成果；形成包括月度动态快报、年度报告、专题研究报告、中长期研究报告等在内的面向公众传播智库研究成果的品牌序列；具有《中国科学院院刊》《科学与社会》《科研管理》《科学学研究》《中国管理科学》等学术期刊，发表智库理论与前沿研究成果，同时通过新华社、光明日报、人民日报、中国科学报等新闻媒体单位，传播科技智库成果，传递战略咨询院声音。

4. 明确智库重大成果的价值标准

按照智库研究的方法与评价体系，树立以影响力和应用效果为导向的重大成果产出价值标准，突出思想性、科学性、建设性、前瞻性、独立性。明确战略咨询院产出成果包括五个方面：一是发展理念和战略层面。在关系人类文明发展、关系国家经济社会全局和长远发展的重大问题研究中，提出的新理念、新思想、新观点和战略建议，成为普遍共识、引领发展潮流或方向，或成为国家战略的重要科学依据。二是法规规划和方法层面。研究成果成为国家法律、法规制定或修订相关条文的科学依据；提出的科学建议和预测预见，纳入国家规划及任务部署；发展的研究方法或工具，为智库同行普遍使用。三是体制机制层面。提出的科学建议，为国家或有关部门所采纳，成为进行体制机制改革完善的重要科学依据。四是政策层面。对关系国家经济社会发展、国家安全、科技进步中的关键问题开展研究，提出科学建议和预测预见，成为国家制定相关政策的研究支撑。五是举措层面。针对改革创新发展中的重大问题提出的系统解决方案，得到国家有关部门和重要区域的采纳，成为改革发展的重要举措和行动。

此外，战略咨询院不断深化科教融合，与中科院大学共建公管学院、知识产权学院，开展公共管理、管理科学与工程、创新管理、技术经济与管理、知识产权等学科建设与人才培养；与中科院文献情报中心协同进行科技情报专业学科建设与人才培养。在智库研究实践中，摸索总结了一套 DIIS 的智库研究方法：一份高质量的智库研究成果要经过从数据收集（Data）到信息分析（Information），再到综合研判（Intelligence），直至提出建议（Solution）的全过程。

2016 年 12 月 13 日，中央全面深化改革领导小组办公室专职副主任陈一新率中央改革办督察组来中科院督察调研国家高端智库建设试点工作情况时，对中科院高端智库试点建设工作给予高度评价。他认为“中国科学院在推进国家高端智库建设试点工作中认识到位、目标清晰、举措务实、推进有序、平台已建、开局良好”，具体评价中科院的试点工作：领导推动有力度，战略咨询研究有成果，目标定位有特色，制度创新有亮点，问题建议有价值。这也代表了中央对战略咨询院工作的认可和肯定。

今后，战略咨询院将坚持品牌化、网络化、国际化的发展战略，继续恪守新型科技智库定位，着力提高研究支撑能力，建成学部发挥科技最高咨询机构作用的研究支撑机构，着力提高汇聚资源能力，建成中科院高水平科技智库的重要载体和综合集成平台，着力提高决策支持能力，建成富集国内外优势力量的智库型创新研究院。

第三章　系统内智库协同创新

——以全国党校系统为例

在中国，“系统”这个词通常用于指称工作内容相同或相近的，且具有上下级的工作指导或领导关系的组织体系。就带有智库性质的系统来说，通常包括党校系统、社科院系统、科学院系统、高校系统以及政策研究系统等，同时也包括因同属于某业务部门的研究机构而形成的系统，比如党建研究机构、思想政治工作研究机构等。由于业务上的相近性、联系上的紧密性，系统内智库协同创新通常被认为是一种较为便利操作的协同创新类型，也是智库协同创新的一种重要类型。本章以全国党校系统为例，关注的是系统内智库协同创新的必要性、可行性以及若干难点问题，由此使读者对于中国的系统内智库协同创新具有一定的初步认识。

一、系统内智库协同创新概论

尽管系统内智库协同创新的重要性已经为人们所广泛认识，但是，关于系统内智库协同创新的一般性理论思考，却仍处于初步阶段。因此，可以对系统内智库协同创新作出若干尝试性分析，以便于读者认知把握。

（一）系统内智库协同创新的必要性

为什么同属于一个系统的智库可以而且应当进行协同创新？这似

乎是一个自不待言的问题。然而，细究起来，这个问题并没有得到很好的回答。对于这个问题，可以从以下两个方面进行思考：

第一，系统内智库协同创新可以形成“联动效应”。“联动效应”是因系统内更加密切的业务联系和协同创新而形成的一种工作效果，这种效应有助于破除智库研究中的“孤岛现象”。比如，关于干部容错纠错机制的研究，这既是一个理论性非常强的课题，同时也是一个操作性非常强的课题，“理论联系实际”是研究这类课题的首要原则。对于某系统智库，比如党建研究会来说，这样的课题必须也只能是通过“上头出理论、下头出经验”的方法来进行研究。也就是说，在理论发掘和政策制定上，全国党建研究会无疑具有较大的研究优势，但是，具体到可操作性的经验做法，必须要落实和体现在省市县乡的具体实践中，并且具体实践中的经验做法对于上头的理论发掘和政策制定，也有着必不可少的反哺作用。这样一个智库研究课题，上头的“合法性根据”和下头的经验做法都是必不可少的。正是在二者的有机互动中，中国的政策改进才得以完成。实际上，在中国，绝大多数政策都需要通过这样的方式得以推行。

第二，系统内智库协同创新可以形成“大数据效应”。“大数据效应”是指因数据的丰富日益增加而形成的对于某个研究专题的宏观把握日益精准的一种效应，这种效应有助于克服智库研究中的“数据孤岛”现象。比如，对于党员干部思想动态状况的把握，是全国党校系统的一项重要任务。但是，如何动态、连续、标准化地掌握党员干部的思想动态状况，却是十分不容易的。对于某一家党校来说，通过单一项目化的问卷调查和访谈，固然能够掌握一时一地一群党员干部的思想状况，但是，如何从宏观上把握和看待所反映的内容，却是相当有难度的；同时，由于缺乏相互间的比较，不同党校之间可能做了大量的雷同工作；又由于缺乏相互间的合作，所得到的数据绝大部分都是零散的、不可通用的数据，这就无形中阻碍了研究的深入进行。在可期待的将来，如果全国党校系统能够就党员干部的思想动态状况，开展全系统的协同创新研究，那么，就可以建立起一个标准化的、动态化的、连续性的协同创新研究网络，由此源源不断积累起庞大的党员干部队伍思想状况“大数据”。这对于该项研究的推进，无疑具有里程碑式的意义。

（二）系统内智库协同创新的可行性

必要性只是指出了系统内智库可以而且应当进行协同创新，但这并不意味着一定能够进行协同创新。因此，还必须考虑其可行性。这主要可以从以下两个方面思考：

第一，业务关系的指导性。在中国，凡是被称为“系统”的部门，通常在业务关系上都具有一定的自上而下的指导功能。这种业务关系的指导性，天然地为系统内智库协同创新提供了某种机制化的依托。比如，对于政策研究部门而言，如何贯彻落实中央关于生态文明建设的要求，是一个非常重要的关注点。但是，落实到具体的某一地方，对于生态文明建设的理解，可能与中央对于生态文明建设的要求，二者是存在张力的。在某种程度上，这种张力还是相当强大的。那么，政策研究部门——从中央政策研究室到地方政策研究室，它们的一项重要任务，就是要发挥对于中央精神的正确贯彻和理解作用，既要保证中央的精神落到实处，不至于出现偏差，又要能够考虑地方的实际情况，不至于出现偏离实际的现象。由此，业务关系上的指导性就为处理解决好这一问题提供了最便利的机制。借助于这种机制，协同创新研究就是一件顺理成章的事情。

第二，研究主题的互补性。一般来说，在系统内处于上位的智库机构，更多关注的是具有全局意义的主题；而在系统内处于下位的智库机构，更多关注的是具有地方意义的主题，这些主题有的是重叠的，有的并不是重叠的。比如，社会治理创新问题，在中央层面，这可能仅仅是一个理念性的议题，但是在地方层面，越到基层，这个问题就越重要。但是，中央层面的理念与地方层面的实操，本然地应当是一种互补关系。由此，地方智库机构所关注和提供的关于社会治理创新的实操经验，乃至所发现的一些方法和原则，可以而且能够对于中央层面的理念起到较强的补益作用。拿村民自治来说，如果仅仅依靠中央的一些法规和文件，而离开丰富的地方操作性经验（包括潜在的操作规则），那么村民自治实际上难以落到实处。协商民主问题也是如此。因此，系统内智库协同创新的一个重要方面，就是最大化彰显和发挥这种互补性的作用，从而对中国政策法规的完善起到强有力的智力支撑作用。

（三）系统内智库协同创新的难点

尽管系统内智库协同创新既有必要性也有可行性，但也并非没有难点，甚至可以说，一些难点还在相当程度上阻碍着系统内智库协同创新的进行。这些难点包括：

第一，“财”的问题。智库研究是一项非常耗费钱财的事情，需要有相当大的财力投入作为保证。但是，中国现行的分级财政体系，以及僵化的科研财务制度，在相当程度上限制了系统内智库协同创新的开展。比如，一项由处于上位的社科院设置的内部课题，如果在开展研究的过程中需要与处于下位的社科院进行协同攻关，那么，这笔课题费是很难通过正常的财务途径由参加协同攻关的研究人员获得的。一项面向全国进行招标的研究课题，其经费很难由上级智库机构的财务户头转到下级智库的财务户头。更不必说，那些在单位性质上纳入公务员管理的智库单位，它们之间几乎很难有正常的智库研究经费上的往来。

第二，“人”的问题。智库研究关键在人，关键在于人的积极性主动性。由此，为了调动和激发人的积极性主动性而设置的制度机制便成为了至关重要的内容。但是，中国现行的用人制度，总的看并不利于系统内智库协同创新。比如，参加培训、做访问学者等，算是一种常见的人员往来方式。但是，一些带有根本性战略性的制度安排，比如灵活弹性的工作机制，以成果为导向的考核机制，以及相对自主的流动等，实际上是很难得以实现的。由此，较强的身份制约限制了系统内智库的研究人员之间在研究上的相对自主性的组合，由此给智库研究带来了潜在的效能损失。

二、党校系统智库协同创新背景

全国党校系统就是这样一个典型的系统。由于工作上的接近性、业务上的相似性，以及有权威文件明确规定的上下级党校之间的指导关系，因此，除了在教学、后勤等方面具有工作协同的内容之外，在科研和智库建设上的协同，构成了党校系统协同创新的重要内容。

（一）以习近平同志为核心的党中央高度重视中国特色新型智库建设

党的十八届三中全会《决定》提出："加强中国特色新型智库建设，建立健全决策咨询制度。"2014 年 10 月 27 日，习近平总书记在中央全面深化改革领导小组第六次会议审议《关于加强中国特色新型智库建设的意见》时指出：我们进行治国理政，必须善于集中各方面智慧、凝聚最广泛力量。改革发展任务越是艰巨繁重，越需要强大的智力支持。①

2015 年 1 月 20 日，中共中央办公厅、国务院办公厅印发了《关于加强中国特色新型智库建设的意见》（以下简称《意见》）。《意见》指出：中国特色新型智库是党和政府科学民主依法决策的重要支撑，是国家治理体系和治理能力现代化的重要内容，是国家软实力的重要组成部分。《意见》还专门指出："支持中央党校、国家行政学院把建设中国特色新型智库纳入事业发展总体规划，推动教学培训、科学研究与决策咨询相互促进、协同发展，在决策咨询方面发挥更大作用。地方社科院、党校行政学院要着力为地方党委和政府决策服务，有条件的要为中央有关部门提供决策咨询服务。"

---

① 参见《习近平主持召开中央全面深化改革领导小组第六次会议强调　学习贯彻党的十八届四中全会精神　运用法治思维和法治方式推进改革》，央视网 http：//news. cntv. cn/2014/10/27/VIDE1414408500397751. shtml.

《意见》对中国特色新型智库建设的一个重要安排，就是：实施国家高端智库建设规划。加强智库建设整体规划和科学布局，统筹整合现有智库优质资源，重点建设50至100个国家急需、特色鲜明、制度创新、引领发展的专业化高端智库。支持中央党校、中国科学院、中国社会科学院、中国工程院、国务院发展研究中心、国家行政学院、中国科协、中央重点新闻媒体、部分高校和科研院所、军队系统重点教学科研单位及有条件的地方先行开展高端智库建设试点。

2015年11月9日中央全面深化改革领导小组第十八次会议通过《国家高端智库建设试点工作方案》，共有25家机构入选首批国家高端智库建设试点单位。首批入选的机构大体分为四种类型：第一类是党中央、国务院、中央军委直属的综合性研究机构，共10家。分别是国务院发展研究中心、中国社会科学院、中国科学院、中国工程院、中央党校、国家行政学院、中央编译局、新华社、军事科学院和国防大学。第二类是依托大学和科研机构，形成的专业性智库，共12家。分别是中国社会科学院国家金融与发展实验室、中国社会科学院国家全球战略智库、中国现代关系研究院、国家发改委宏观经济研究院、商务部国际贸易经济合作研究院、北京大学国家发展研究院、清华大学国情研究院、中国人民大学国家发展与战略研究院、复旦大学中国研究院、武汉大学国际法研究所、中山大学粤港澳发展研究院、上海社会科学院。第三类是依托大型国有企业，只有1家，为中国石油经济技术研究院。第四类是基础较好的社会智库，共两家，分别是中国国际经济交流中心和综合开发研究院（中国·深圳）。①

2015年12月9日印发的《中共中央关于加强和改进新形势下党校工作的意见》指出："中央党校和省（自治区、直辖市）委党校要聚焦党和国家中心工作、党委和政府重大决策部署、社会热点难点问题进行深入研究，及时向中央和地方各级党委反映重要思想理论动态、

① 参见沙璐：《25机构入选首批国家高端智库建设试点单位》，中国社会科学网 http://ex.cssn.cn/zk/zk_jsxx/zk_zk/201512/t20151204_2741912.shtml.

提出有价值的对策建议。建立和完善符合党校智库运行特点的经费管理使用机制，加强智库成果在决策中的转化应用。创新党校学员参与决策咨询机制。建立全国党校系统智库建设协作机制，确立决策咨询模式和智库成员管理模式，提高决策咨询服务水平。加强党校系统与行政学院系统、高等学校系统、科研院所系统的智库交流与合作，构建协同创新的新模式新机制。”

2015 年 12 月 11 日，习近平总书记在全国党校工作会议上的讲话中，专门对党校科研工作提出了“三个希望”：希望党校根据时代变化和实践发展，加强理论总结和理论创新，为发展 21 世纪马克思主义、当代中国马克思主义作出努力；希望党校聚焦党和国家中心工作、党委和政府重大决策部署、社会热点难点问题进行深入研究，及时反映重要思想理论动态，提出有价值的对策建议；希望党校成为党和国家的重要智库。并且特别指出：“党中央已经把中央党校列入国家高端智库建设试点名单，要抓住这个机遇，在智库建设上取得新成绩。”① 足见对中央党校和党校系统智库建设工作的重视。

（二）中央党校校委高度重视国家高端智库建设工作

2016 年 6 月 29 日，中央党校常务副校长何毅亭在中央党校国家高端智库理事会会议上的讲话中提出：“在治国理政新的伟大实践中，党中央需要和期待什么样的思想智慧，中央党校应当和能够贡献什么样的思想智慧？这是中央党校推进智库建设首先要明确和把握好的问题。”

何毅亭围绕“贡献治国理政的党校智慧”这一主题强调指出，建设中国特色新型智库，是以习近平同志为总书记的党中央作出的一项重大战略决策。中央党校作为国家高端智库建设的首批 25 家试点单位之一，在目标定位上，必须贯穿一条红线，就是要体现“中国特色”，要坚持党的领导、坚持中国特色社会主义方向、坚持立足中国国情，把中央党校智库努力建设成国内一流、国际知名的高端智库。

① 习近平：《在全国党校工作会议上的讲话》，《求是》2016 年第 9 期。

何毅亭认为，中央党校在开展高端智库建设方面，有以下几个优势，一是学科优势。中央党校的马克思主义基本理论和中国特色社会主义理论体系学科布局完整、特色突出。二是人才优势。中央党校拥有一支政治强、业务精、作风正的教研队伍，其中不乏学科领军人才。三是学员优势。众多来自工作一线而又有理论素养的学员资源，是进行国家高端智库建设不可多得的“思想富矿”。四是平台优势。近些年来，经过努力，中央党校已经拥有一批比较有影响力的理论传播平台、内参报送平台、国际交流平台，在服务中央决策、传递中国声音、扩大对外交流方面发挥了重要作用。五是系统优势。全国拥有县级以上党校近 3000 家，近 10 万名教职工，这是开展高端智库建设的重要组织优势。

何毅亭强调，具有优势条件很重要，但关键还是要把优势条件用好，充分发挥作用。这其中最重要的一点，就是要把优势力量和优势资源集中到党和国家最需要的研究领域，聚焦到最重要最急迫的重大问题研究上，形成持续跟踪研究的长效机制。要坚持以马克思主义为指导，坚持“党校姓党”根本原则，以服务党和国家决策为宗旨，以政策研究咨询为主攻方向，以完善组织形式和管理方式为重点，以改革创新为动力，努力建设中国特色新型高端智库，为党和国家科学民主依法决策、为推进国家治理体系和治理能力现代化发挥党校优势，凸显党校特色，发出党校声音，贡献党校力量。

中央党校副校长黄浩涛多次对中央党校高端智库建设提出许多建设性的要求，并经常听取科研部汇报。

关于智库建设，黄浩涛认为，一是要塑造党校智库的精神特质：首先，在政治方向和价值追求上坚持姓“马”姓“共”。对马克思主义的信仰，对社会主义和共产主义的信念，是中央党校高端智库之魂。中央党校智库工作要紧紧围绕党的中心工作展开，服务于党的事业，服务于党和国家工作大局。要加强对各种社会思潮的辨析和引导，不当旁观者，敢于发声亮剑，善于解疑释惑。

其次，在理论方向上坚持以马克思主义为指导，发扬理论联系实际的学风。在高端智库建设中，要秉持理论联系实际的优良传统，坚持问题导向，坚持实践观点和发展观点，解放思想、实事求是、与时俱进，以马克思主义立场观点方法指导智库科学研究。坚持科学精神，鼓励大胆探索，把握好政治立场坚定和科学探索创新的有机统一。

再次，在队伍建设上坚持政治强、业务精、作风好的标准。要做到自觉坚持党校姓党、党校教研人员姓党。要以学科学术带头人为主体，着力培养造就一批马克思主义理论大家，一批忠诚于马克思主义、在学科领域有影响的知名专家；通过多种途径方式，加强拔尖人才、学术领军人才培养；在共同的使命、价值追求和学术兴趣下，汇聚人才，集结力量，培育壮大以马克思主义为指导的特色鲜明的学术共同体。

二是要发挥党校智库的独特优势。首先，加强理论总结和理论创新，为发展当代中国马克思主义作出贡献。努力创造具有中国特色的哲学社会科学话语体系；坚持和巩固党对意识形态工作的领导，巩固马克思主义在意识形态领域的指导地位，巩固全党全国人民团结奋斗的共同思想基础。注重理论建设，对广大干部群众普遍关注的深层次问题给予令人信服的回答。坚持弘扬主旋律、传播正能量，净化“噪音”“杂音”。

其次，聚焦党和国家中心工作、党委和政府重大决策部署、社会热点难点问题进行深入研究，及时反映重要思想理论动态，提出有价值的对策建议。加强对国家中长期发展战略问题的前瞻性研究，加强对重大现实问题和突出矛盾的对策性研究，加强党情政情社情信息反映和研究，加强对党的建设科学化问题研究，加强国际战略问题研究。

最后，打造高端交流平台。加强中央党校智库和国际智库之间的交流与合作，打造知名国际论坛，牢牢掌握中国特色社会主义话语权，更加及时地发出中国声音，更加准确地解读中国道路，更加鲜明地展现中国思想，更加响亮地提出中国主张。

在智库建设的具体工作中，黄浩涛认为，要根据国家需要、学术发展趋势和现有学科基础，制定中长期研究规划，确定重点研究领域和主攻方向，培育和发展自身优势，为资源配置、学科建设、人才培养等提供导向。

要构建应用研究与基础研究统筹、团队协同与个人探索并重的研究项目体系。围绕重点研究方向组织项目研究，突出宏观研究、继承研究和综合创新。在重大问题研究上，组织团队协同攻关，加强跨学科跨部门合作，发挥综合性优势。项目设置注重把握好问题导向、时效性要求和学科导向、长期积累的统一，注重长远计划和阶段性计划的衔接，形成内在关联的项目体系。

要建设科研创新平台体系，培育学术共同体。科研创新平台体系建设的内容，包括适应信息化数字化发展趋势，加强图书文献、网络等基础设施建设；围绕激发科研活力、提高科研质量，建立健全现代管理体制；综合发挥报刊、网站、学术社团阵地优势，以及教学相长、学学相长的优势等。智库创新的主体，是以学术共同体为特征的稳定的科研团队。建立首席专家制度，形成研究团队，汇聚集体智慧。

要坚持人才为先，打造一流研究队伍。充分发挥人才在智库创新中的关键作用，综合评估现有人员的知识结构、年龄结构、学术梯次、队伍规模等因素，有针对性地制定人才引进和培养计划。实施“名师工程”，打造马克思主义理论高端人才队伍。在访学深造、挂职锻炼、教学科研实践等方面，逐人订立计划，加强人才培养。推进管理体制机制改革，核心是改进和完善对人员的管理，最大限度地激发人员的积极性和创造性。

中央党校副教育长兼科研部主任韩庆祥在中央党校国家高端智库理事会会议上的发言中认为，中央党校在智库建设方面，可从“势”“道”“术”“行”四方面入手。势，就是大势，是世情党情国情政情社情，主要指纵向时间和横向空间两个层面的势。纵向时间的势，指当今中国所处的“历史方位”，横向空间的势，指中国在世界上的“国际地位”；道，就是蕴含在事物中的道理和本质，主要指理念和理论。理念是思想精髓、核心要义，理论是思想体系和分析问题的框架；术，就是布局和方略，主要指战略和对策。战略是时间上的高瞻远瞩、空间上的统揽全局和深度上的把握规律，对策就是解决问题的办法；行，就是做，是行动，主要指做事的整体规划和具体措施。

三、智库建设对党校科研提出了新要求

长期以来，党校系统一直发挥着重要的智库作用。党校参与党和国家的重要政治活动、参与党委和政府重大决策和重要文件起草、为党和国家决策提供依据等，就是发挥智库作用的重要方式。历史地看，在延安时期的“整风运动”、改革开放新时期的“真理标准”大讨论中，中央党校都发挥了至关重要的智库作用。现实地看，党校的“干部培训、思想引领、理论建设、决策咨询”四项职能，其实都与智库建设紧密相关。智库工作，其实就是以思想智慧引领和推动经济社会发展进步的工作。以思想理论解答领导干部关心的理论实践问题，武装学员，就是干部培训；以思想智慧影响社会思潮和社会公众，重大节点有声音，重大问题亮观点，就是思想引领；发展和创新理论，述学立论，就是理论建设；以思想智慧服务党委和政府决策，建言献策，就是决策咨询。因此，从这个角度看，党校始终是作为党委和政府的重要智库而存在的。

但是，自发地发挥智库作用与自觉地推进智库建设还是有区别的。2008 年中央制定出台的《中国共产党党校工作条例》就已经提出，要“发挥党校在党委和政府决策中的思想库作用”，各级党委围绕思想库建设也做出了许多努力；2015 年年底中央制定出台的《中共中央关于加强新形势下党校工作的意见》首次明确提出，要“积极推进新型智库建设”。习近平总书记在哲学社会科学工作座谈会上的讲话中指出：“智库建设要把重点放在提高研究质量、推动内容创新上。要加强决策部门同智库的信息共享和互动交流，把党政部门政策研究同智库对策研究紧密结合起来，引导和推动智库建设健康发展、更好发挥作用。”① 从“思想库”到“新型智库”，不仅仅是话语的转变那么简单，

① 习近平：《在哲学社会科学工作座谈会上的讲话》，新华网 http：//news. xinhuanet. com/politics/2016—05/18/c _ 1118891128. htm.

而是向党校的工作特别是科研工作提出了新的、更高的要求。

(一) 明确了新思路，这个思路就是“经世致用”

习近平总书记在全国党校工作会议上的讲话中指出，“党校开展哲学社会科学研究，不能坐而论道，而要有党校的特点。党校如果同一般的社会科学研究机构、大学研究机构一样，那就没有特点了，也没有自身优势了。”① “坐而论道”难免流于空谈。作为哲学社会科学五路大军之一，党校人做的学问应当有自己的特点，应当是党和人民需要的求真务实的学问；而符合党和人民需要的学问，一定是“经世致用”的学问，是“不尚空谈”的学问。只有这样的学问，才是真正能够服务于治国理政的学问。实际上，共产党人向来是推崇“理论联系实际”学风的。毛泽东同志曾指出：“对于马克思主义的理论，要能够精通它、应用它，精通的目的全在于应用。如果你能应用马克思列宁主义的观点，说明一个两个实际问题，那就要受到称赞，就算有了几分成绩。被作说明的东西越多，越普遍，越深刻，你的成绩就越大。”② 因此，用“智库思维”重新审视党校工作，我们的科研工作者就不能仅仅满足于“讲讲课、发发文、出出书”，而要看到底对改变人们的思想认识、推动经济社会发展起到了多大的作用。

(二) 开辟了新空间，这个空间就是“智库科研”

教学是中心，科研是基础。但是在实际工作中容易出现“重中心、轻基础”的现象，然而，“基础不牢，地动山摇”。正确处理好教学与科研的辩证关系，要像重视教学那样高度重视科研，把科研的基础地位牢牢巩固夯实。怎样巩固夯实科研的基础地位呢？加强“智库科研”就是一个重要途径。科研工作实际上按其追求境界和努力方向，可以分为两种：一种叫作“学术科研”，就是具有学术精神和学术追求，为

---

① 习近平：《在全国党校工作会议上的讲话》，《求是》2016 年第 9 期。

② 《毛泽东选集》第 3 卷，人民出版社 1991 年版，第 815 页。

了提升其学术影响和学术地位而搞的科研，这种科研对提升党校形象和影响是有意义的；一种叫作“智库科研”，就是为了发挥智库作用而搞的科研，这种科研就是“述学立论、建言献策”。这两种科研都是必需的并且存在不可分割的统一关系，但需要强调的是，“学术科研”可以说是为了解释世界；“智库科研”可以说是为了改造世界，这两种科研的追求方向和侧重点是不一样的。习近平总书记在知识分子、劳动模范、青年代表座谈会上的讲话中指出，“天下为公、担当道义，是广大知识分子应有的情怀”①。“智库科研”是一种倡导“把学问写在大地上”的科研，是把个人学术追求与国家命运紧密联系在一起的科研，是服务于“干部培训、思想引领、理论建设、决策咨询”的科研，为党校广大科研工作者的研究开辟了新空间。

（三）设定了新问题，这个问题就是“中国问题”

坚持问题导向是智库科研不同于传统的学术研究或理论研究的一个重要特点。习近平总书记指出：“只有聆听时代的声音，回应时代的呼唤，认真研究解决重大而紧迫的问题，才能真正把握住历史脉络、找到发展规律，推动理论创新。坚持以马克思主义为指导，必须落到研究我国发展和我们党执政面临的重大理论和实践问题上来，落到提出解决问题的正确思路和有效办法上来。”② 怎样把研究聚焦到中国自身的重大理论和实践问题上？这是需要我们深思的。改革开放以来，在全球化进程中，中国哲学社会科学界引入、译介了不少西方概念、理论，这些理论对于推动中国自身的哲学社会科学发展，起到了不可或缺的重要作用。但是，随着认识的深化，越来越多的学者已经意识到，过去我们也干了不少“让人家的理论在我们的脑子里跑马”这样的事情，以至于“耕了人家的地，荒了自家的田”，在基础理论、具体

① 习近平：《在知识分子、劳动模范、青年代表座谈会上的讲话》，新华网 http://news.xinhuanet.com/politics/2016－04/30/c_1118776008.htm.

② 习近平：《在知识分子、劳动模范、青年代表座谈会上的讲话》，新华网 http://news.xinhuanet.com/politics/2016－04/30/c_1118776008.htm.

观点和方式方法上深受西方理论影响而不自觉，所得出的结论，要么不着边际，要么不具可行性，甚至有害于党和国家事业。中国特色新型智库建设要求一定要立足中国实际，着眼于解决中国问题，从中国的具体国情出发，提出切实可行的解决方法。科研和智库工作一定要紧紧围绕“中国问题”展开，发展中国理论，提出中国思想，贡献中国方案，切不可“走神”“跑偏”。实际上，关于围绕中国问题开展学术研究，老一辈马克思主义理论家是有这个传统的。与郭大力一同最早翻译《资本论》的王亚南先生，极力倡导应“站在中国人的立场上来研究经济”，使马克思主义政治经济学中国化，建立“中国经济学”，而他自己则身体力行，写下了《中国经济原论》《中国地主经济封建制度论纲》《中国官僚政治研究》等著作。习近平总书记倡导的“中国特色社会主义政治经济学”，其实就是希望学术界把这个传统继续传承和弘扬起来。

四、党校系统智库建设的着力点

2016 年是全国党校系统中国特色新型智库建设工作集体发力、成效显著的一年。中央党校作为首批 25 家国家高端智库建设试点单位之一，基于工作实际，发挥自身优势，重在发挥“思想引领、理论建设、决策咨询”作用以及思想的力量，重在发挥“有声音、亮观点、搭平台”的作用，重在发挥“述学立论、建言献策”的作用。我们实施了“教学和智库建设创新工程”，把智库建设作为所有工作的一个根本方向；召开了国家高端智库理事会会议，明确了建设“国内一流、国际知名”智库的目标；制定并完善了《中央党校国家高端智库管理办法(试行)》；有效发挥了《研究报告》和《思想理论内参》的“直通车”作用；建立了向国家高端智库理事会供稿制度；中央党校中国特色社会主义理论体系研究中心发挥了思想引领的“轻骑兵”作用；《学习时报》等刊发了众多智库成果等等，成绩显著。

地方各级党校也都已经普遍建立了“校委集体领导、常务副校长亲自上手、分管科研工作副校长负责主抓”的智库工作领导体制；也大都成立了决策咨询部、决策咨询中心、省情（市情）研究中心等专门的决策咨询部门；同时形成了科研部门牵头协调、教研部门组织实施课题研究、多部门推动成果转化、财务部门管理经费这一全校各部门齐抓共管的工作格局。在智库建设中注重参与党和政府重大决策、承担重大委托任务、深入回答学员“两带来”问题、研究设置决策咨询议题等，孕育孵化质量上乘的智库成果。同时，建立智库成果应用转化机制，多渠道推动智库成果转化，及时向党委政府报送决策咨询成果，普遍取得了良好效果。

但是，也要清醒地看到，中央党校和地方党校在发挥智库作用方面的空间还很大。实际上，智库不只是一种机构，更重要的是生产思想、战略和对策即述学立论、建言献策的一种机制；智库建设不宜“贪多求大”，关键是发出强有力的声音，建设好“思想中国”；智库建设不能搞“千库一面”，必须体现党校的特色、重点和优势。智库建设要着重把握好“势”“道”“术”。

发挥党校智库的更大作用，就要注重把握党校智库建设的着力点，把党校智库建设工作提升到一个新的水平和台阶。智库建设工作有自身的规律和特点，是一项新型新式的科研工作，是一项需要长期坚持、深入研究的工作，不能只挂了一个“智库”的牌子，继续原来的工作，不能有“库”无“智”，不能“新瓶装旧酒”“换汤不换药”。

（一）注重发挥优势

与高校、社科院、党政部门所属研究机构相比，党校开展新型智库建设，大致有以下几个方面的优势。一是学科优势。比如，中央党校马克思主义基本理论和中国特色社会主义理论体系学科布局完整、特色突出。不但有专门的马克思主义学院，还有哲学、政治经济学、科学社会主义、党史、党建、政治学、法学、社会学、文化学、历史学、国际战略等学科。地方党校的学科设置也大体如此。二是人才优势。经过多年积累，全国党校系统拥有一支政治强、业务精、作风正的教研人员队伍，其中不乏学科领军人才。近几年还培养了一批朝气蓬勃、积极进取的青年人才，形成了老中青相结合、传帮带促发展的良性梯队结构。三是学员优势。众多来自工作一线而又有理论素养的学员资源，是我们开展新型智库建设不可多得的“思想富矿”。四是平台优势。经过多年努力，中央党校和省级、副省级城市党校已经拥有一批比较有影响力的理论传播平台、内参报送平台、国际交流平台，在服务中央决策、传递中国声音、扩大对外交流方面发挥了重要作用。五是系统优势。全国拥有县级以上党校近3000家、近10万名教职工，这是开展智库建设的重要组织优势。

具有优势条件很重要，但关键还是要把优势条件用好，充分发挥作用。这其中最重要的一点，就是要把优势力量和优势资源集中到党和国家最需要的研究领域，聚焦到最重要最急迫的重大问题研究上，形成持续跟踪研究的长效机制。习近平总书记指出：“党校姓党，决定了党校科研要紧紧围绕党的中心工作展开，在党的思想理论研究方面有所作为，为坚持和巩固党对意识形态工作的领导、巩固马克思主义在意识形态领域的指导地位作出积极贡献。”① 这就要求我们的智库研究，从理论方面，要加强理论总结和理论创新，为发展21世纪马克思主义、当代中国马克思主义作出努力；从实践方面，要紧紧围绕党的中心工作展开，服务于党的事业，服务于党和国家工作大局；从思想引领方面，要加强对各种社会思潮的辨析和引导，不当旁观者，敢于发声亮剑，善于解疑释惑。要秉持理论联系实际的优良传统，坚持问题导向，坚持实践观点和发展观点，解放思想、实事求是、与时俱进，以马克思主义立场观点方法指导科研工作。坚持科学精神，鼓励大胆探索，把握好政治立场坚定和科学探索创新的有机统一。

（二）注重制度机制建设

智库科研尽管也属于科研的范畴，但它与原有的科研工作有着明

---

① 习近平：《在全国党校工作会议上的讲话》，《求是》2016年第9期。

显不同。智库建设作为一项新型工作，一定要建立一套不同于传统科研管理的新的制度机制；建设灵活高效的制度机制，是有效推进智库建设的关键所在。各级党校应当按照“发挥优势，补齐短板，打牢支点”的工作方略，坚持“聚焦—一体—集群”的工作方向，力争拿出一套符合党校工作实际的制度机制建设，充分激发和释放智库科研活力。

一是议题设置机制。要依托学科建设和基础理论研究优势，依托广大教研人员、在校学员和党校系统优势，围绕党和国家事业发展中面临的热点、难点和重点问题，围绕国家重大战略需求，服务党和国家全局性、长期性、战略性和前瞻性决策，通过学术委员会会议、科研务虚会会议以及调研走访等，不断设置智库研究议题，跟进决策需求，明确智库建设的总体规划和研究方向。

二是课题管理机制。要通过智库项目认领、重大课题招标、专项课题委托等形式设立智库研究课题。通过中期检查等形式，督促成果形成。通过严格课题结项要求，提升课题成果质量。

三是经费激励机制。《国家高端智库建设试点工作方案》明确提出：“党政军部门所属智库应在人事、岗位、项目、投入、奖励等方面引入竞争机制，充分调动研究人员的积极性和创造性。”《国家高端智库管理办法（试行）》第二十二条明确要求，高端智库可以“按照国家法律和有关政策规定，制定符合智库发展规律和运行特点、有别于科研项目经费管理和使用的高端智库专项经费管理办法。合理确定专项经费支出范围，体现科研人员的智力劳动价值，激发科研人员的积极性和创造性”。这些规定，尽管是专门针对包括中央党校在内的国家高端智库而言的，但对于各级党校都具有参考意义。

四是学术团队机制。智库建设不是哪几个部门或哪几个人的事情，要强化共同体意识。要告别“单兵作战”方式，注重发挥团队力量，有方向、有重点地培育智库学术团队，解决智库建设的科研组织方式问题，形成持续发力、长期积累的连续性研究成果。

五是“教研咨”一体化机制。要积极构建“教学出题目，科研做文章，成果进课堂、进决策”的一体化机制，打破教师与科研人员界限，实现教学水平与科研水平、咨询水平共进，教学成果与科研成果、咨询成果互通，有力地推动智库建设工作的发展。

六是闭门会议机制。要探索智库研究探讨的有效方式，主要通过召开内部小型闭门专题会议方式进行深入而开放的研究，激发、哺育思想火花，形成具有真知灼见的智库成果。

七是成果转化机制。要利用好党校贴近党和政府决策的优势，发挥好内参刊物的“直通车”作用；利用好党校自身掌握的报刊网等平台，发出权威而响亮的党校智库好声音；利用好论坛、会议、学术活动等载体，影响和引领社会思想舆论。在成果转化中要树立品牌意识，力求研究成果系列化、系列成果品牌化，最大化地发挥影响。

（三）注重人才队伍建设

实事求是地讲，尽管党校系统拥有一支政治强、业务精、作风正的教研人员队伍，但从智库科研的更高标准看，毋庸讳言，人才队伍依然还是一个突出的短板。一些教研人员咨政研究能力不强，水平不高，对国情省情市情县情等关注不够，调查研究的能力弱，上不接天线下不接地气，既不“顶天”也不“立地”。大量成果不是基于某个问题的长期跟踪、深入调研，而是分析问题泛泛而谈，缺少有力的数据和事实依据，缺少针对性，缺少真知灼见；对策举措不够科学，缺乏可操作性，等等。

有同志反映，目前在人才队伍建设上存在搞理论研究的多，搞对策研究的少；写学术专著的多，写研究报告的少；关注策略的多，关注战略的少；会说的多，会写的少；科研“管家”多，智库“管家”少的“五多五少”现象，领军人物和杰出人才较为缺乏。也有同志反映，目前特别缺乏八个方面高端决策咨询人才，即：捕捉变化、揭示趋势的预见型人才；洞察时势、设计顶层的战略型人才；知识多元、能力全面的复合型人才；深入调研、能接地气的田野型人才；思维新锐、方法上乘的工具型人才；国际视野、跨国交往的外向型人才；媒体关注、善于表达的传播型人才；精于管理、引领发展的领航型人才。

人才是最宝贵的资源。中国特色新型智库建设，一定要树立“人才为先”的理念，源源不断培养和吸纳一批又一批乐于、善于、精于搞智库科研的人才。在人才队伍建设上，一是要发挥好学术带头人的作用。按照政治素质好、学术造诣高、社会影响大、事业心和责任感强的要求，选好智库研究的学术带头人，组建学术研究团队，发挥团队力量。二是要注重能力素质的提升。通过办研讨班、培训班、请实际部门同志作报告等方式，进一步凝聚共识、交流经验、补齐短板、互促共进。三是要建设智库专家库。实行“小机构大网络”，专职与兼职相结合、“走出去”与“引进来”相结合，形成开放、竞争、流动的人才格局。积极创造条件，推荐智库专家到党政部门挂职、任职，形成与党政机关之间人才有序流动的“旋转门”机制；吸纳具有丰富决策咨询经验、社会知名度高的退休或离职党政官员参与党校智库工作。四是要完善教研人员职称评定办法。提高决策咨询类成果在考核评价体系中的权重，推进职称评定与岗位聘用有机结合。五是要注重智库管理型人才的培养。把那些既懂科研又懂智库的人才选用到重要位置上来。一句话，一定要建立体现智库运行规律和特点、符合国家有关政策规定的人员管理制度，激发智库人才的工作积极性、主动性和创造性。

五、党校系统智库建设协同创新面临的主要问题

（一）缺乏顶层制度设计

大多省市尚未出台系统的智库建设办法，因此地方党校自身智库建设的定位、职能还不够明确，尚缺乏运行机制、经费使用管理、人才考核激励、成果转化落地、学员参与决策咨询奖励与考核等多方面制度机制。

（二）自身定位模糊

从全国来看，现在很多研究机构与部门都在倾力打造智库。党校的智库建设与高校、社科院、研究室、第三方智库有何区分，自身的目标、特色如何定位，尚不十分明晰。

智库的本质是思想工厂，以科研为基础，以影响公共政策为目标，具有独立性和专业性的特征。但当前在党校教研人员中，对"智库是思想库"的本质认识不够到位，存在着许多模糊甚至错误的认识。一些人，把智库当作信息库，把描绘、反映一些事件、现象作为咨政报告；一些人，把咨政报告当作是讨领导喜欢顺领导心意的御用文字；还有一些人，把咨政报告看作是向上级争取项目和政策的通道。

（三）缺乏配套保障机制

第一，党委、政府支持不足。党校智库处于其他官方智库与高校智库的夹缝中，虽属官方智库的一部分，但相较于省委政策研究室、政府发展研究中心等部门，在参与党委、政府的决策程度和对社会发展、社会舆论的影响程度都难以比肩；而相对于高校智库而言，在综合影响、专业影响力、品牌效应等方面也是差距悬殊。

第二，机制不灵活。智库建设普遍按照现有科研管理机制管理，较为僵化的科研管理机制存在着管理偏严、偏行政化等问题而广为专业人员所诟病。不能灵活对待时效性、针对性特别强的决策咨询研究，是现行管理体制的最大问题。经费报销限制太多、管理僵化、专家智力劳动不能体现等问题严重制约着智库研究工作。智库管理机制实现创新和改革是推进新型智库建设进步的重中之重。管理体制改革工作，需要顶层设计，需要从国家层面进行解决，基层党校都希望中央党校能够在推进这项工作上发挥重要作用。

第三，经费支持不足。智库建设需要众多的优秀人才，需要大量的实地调研，更需要较大的经费投入。各省虽然非常重视智库建设，但一直没有安排足额的专项经费投入，这是制约智库建设的重要因素。另外，由于各省委党校自身经费限制，也不能给予智库建设大量的经费投入。经费投入不足，对优秀人才吸引力不大，调研资源受限，导致教研人员普遍做决策咨询研究积极性不高，开展的调研活动也相对较少，形成的调研报告针对性和可操作性也相对不足，从而决定了智库建设的水平不会太高。

第四，信息不对称。信息获取滞后，对于涉及中央、省委、省政府中心工作的重大部署、决策信息，前期研究参与度不高，重要信息获取滞后。

（四）理论联系实际不足

理论研究与决策咨询联系不足。首先，研究成果脱离实际，政策建议比较务虚，对领导决策缺乏咨询价值。其次，决策研究与政府机构之间沟通联系缺乏准确快捷可靠的信息传递渠道，即在平时很难获得党委政府有关部门的内部准确信息，因而研究成果结论的可靠性就会存疑，甚至可能是错误的。最后，由于缺乏对党委政府中心工作和大局的有效把握，教研人员的研究成果可能与实践距离较远，很难为决策层所用，这直接导致党校政策研究成果和应用研究成果缺乏咨政价值，不少研究成果出来之后就只能被束之高阁。

（五）评价标准模糊

第一，智库机构评价标准模糊。作为地方党校，要建设成为一个标准化、时代化、区域化的地方新型智库，到底应具备哪些标准，目前没有明确的界定。

第二，智库成果评价标准模糊。智库机构生产出来的成果大致有决策咨询类、理论创新类、政策宣讲类、社科普及类，但每一类成果评价要素有哪些，评价主体是谁，怎样评价，诸如此类问题既缺乏系统研究，又缺乏主管单位引导与管理。

六、党校系统智库建设协同创新取得的成绩

2015 年底全国党校工作会议召开后，中央党校、国家行政学院国家高端智库建设步入快车道，地方党校行政学院智库建设工作的热情空前高涨，在实际工作中也作出了许多尝试，取得了一定成绩。

2016 年是中央党校作为首批 25 家国家高端智库建设试点单位开展智库建设的开局之年，在中央党校校委的领导下，中央党校国家高端智库建设在领导体制、平台建设、建章立制、成果转化、人才队伍、工作交流，以及加强对党校系统智库建设工作指导等方面，取得了不少成绩。一是在顶层设计方面：将国家高端智库建设要求融入到“中央党校教学与智库创新工程”，把智库建设作为中央党校工作的一个重要方向；召开“中央党校国家高端智库理事会会议”，明确了中央党校国家高端智库建设的特点优势、组织架构、工作思路、战略重点等；设立了中央党校国家高端智库理事会、学术委员会，领导指导智库建设工作。二是在建章立制方面：制定并完善了《中央党校国家高端智库管理办法（试行）》；建立了校直属单位智库建设工作联系人制度；制定并下发了《关于加强我校高端智库建设和成果宣传工作的通知》等；建立了议题设置、课题管理、学术团队、闭门会议、成果发布等机制。三是在具体工作方面：向中宣部智库处《国家高端智库研究报告》和《国家高端智库工作简报》经常性报送智库成果和工作情况；组织认领和确立了 41 项国家高端智库课题并进行督促检查，组织认领了 31 项“十八届六中全会”专项智库研究课题并启动研究；自 2016 年第十一届全国党校科研评奖开始，增设了“决策咨询”奖，在征集评选“全国地方党校科研精选文库丛书”书稿中首次设立了“决策咨询”类，与原有的“基础理论”类并列；请地方党校持续报送决策咨询成果，作为中央党校《研究报告》《思想理论内参》及其他报送平台的稿源；在继续办好《研究报告》和《思想理论内参》两份高端智库品牌刊物的同时，创办《中共中央党校国家高端智库动态》内刊；发

挥中央党校中国特色社会主义理论体系研究中心思想引领和理论建设的“轻骑兵”作用，积极主动发声亮剑；积极回应和解答学员的“两带来”问题，以思想理论研究成果有效影响学员；召开了“加强党校系统智库协作调研座谈会”，互相借鉴和分享了智库建设工作经验体会。同时，常务副校长何毅亭同志、副校长黄浩涛同志、副教育长兼科研部主任韩庆祥同志等通过报刊发文、接受访谈、参加会议等形式，积极研究阐述中央党校智库建设的规律特点、经验做法，社会反响良好。

国家行政学院同样作为首批 25 家国家高端智库建设试点单位之一，通过全力实施创新工程，不断提高教科咨政等各项工作质量；坚持改革创新，建立健全创建一流学府和高端智库的体制机制；坚持以人为本，建设一支与一流学府和高端智库相适应的人才队伍；坚持学做结合，努力弘扬规范严谨、团结协作、求真务实、昂扬向上的行政学院院风。重点抓好国家行政学院国家高端智库相关管理办法完善、修改和印发工作。不断提高送阅件编报质量，定期向国家高端智库办公室报送高端智库信息、国家高端智库报告。做好高端智库项目中期评估工作，迎接国家高端智库建设试点工作情况专题调研。高质量完成相关重要文稿起草工作。开展季度经济形势分析、大数据与失业率、国家治理体系和治理能力现代化、“放、管、服”改革重大问题等重大课题研究。

（一）创新管理保障机制

截至 2016 年，全国党校系统基本上完成了中国特色新型智库建设的管理保障工作。主要体现在：创新领导机制，由校委集体领导、常务副校（院）长亲自主抓、分管科研工作副校（院）长负责，确保智库工作顺利推进；创新规章制度，完善智库建设的制度建设，出台相关奖励、考评办法，成立决策咨询项目评审管理委员会，促进决策咨询工作制度化、系统化和规范化；成立专门管理机构，如决策咨询中心、省情研究中心等，统筹智库建设协调管理；推进分工协作机制，科研处或决策咨询中心牵头智库建设工作协调，教研部门组织实施课题研究工作，办公室负责成果报送，财务处负责经费管理，形成全校各部门齐抓共管的格局。

自2013年起，北京市委党校为了加强智库建设，专门设立决策咨询部，并先后制定出台了《关于加强决策咨询工作的意见》《主体班学员参与决策咨询工作直通车计划》《决策咨询项目管理办法》《关于推进教学科研咨询一体化发展的意见》《决策咨询工作量计分办法》和《决策咨询工作考评奖励办法》《高水平决策咨询项目支持及成果奖励办法》等规章制度，成立决策咨询项目评审管理委员会，促进了决策咨询工作制度化、系统化和发展。

河北省委党校早在2012年就出台了《关于加强为省委省政府决策服务工作的意见》和《决策服务项目管理办法》，强化了决策服务导向，设立了决策服务项目，并对决策服务项目研究进行科学化、规范化管理。2016年初，为贯彻落实中央和河北省委关于加强新型智库建设的意见，出台了本校《关于加强新型智库建设的实施意见》，明确了智库建设的目标任务和主要措施，为加强智库建设奠定了制度基础。

上海市委党校成立教研咨一体化领导小组，由常务副校长任组长，分管教学、科研的副校长任副组长，教育长任执行副组长，成员包括组织人事处、教务处、科研处、学员处、培训处、研究生部、校刊编辑部、相关教研部门等负责人，其目的就在于加大教研咨之间的统筹整合，形成工作合力。领导小组下设办公室，由教育长任办公室主任，教务处、科研处、培训处、学员工作处和上研院等部门的负责人参加，通过召开办公例会等形成，建立畅通的沟通运作机制，在组织内部首先打破各个条线的藩篱界限，不断加大资源配置科学化的管理力度和协调强度。

江苏省委党校先后制定出台了《关于进一步推进思想库建设的意见》《关于加强新型智库建设的实施意见》等规章制度，积极探索实行校院领导项目制，健全学员参与决策咨询的工作机制，着力完善新型智库建设的激励机制，加大了对决策咨询研究的资助和成果奖励力度，鼓励教研人员在服务省委省政府决策中有更多作为。

浙江省委党校作为浙江省5家高端智库试点单位之一，高度重视智库的体制机制创新，先后制定出台了《关于打造高端智库的意见》《关于加强高端智库建设的实施办法》《高端智库建设试点实施方案》《关于聘任高端智库专家的意见》《校咨政奖评选办法》等一系列规章制度，规范、创新智库建设的体制机制。

河南省委党校打破校内学科界限和教研部界限，建立开放、合作的科研工作新模式；在决策咨询研究方面，采取委托和招标相结合等多种方式，鼓励强强联合和跨部门合作，组建研究团队，扎实调研，形成研究合力。

重庆市委党校制定了“十三五新型智库建设规划”，从体制机制、队伍建设、平台搭建、经费投入等方面落细落实，做好智库建设顶层设计。该校十分重视发挥青年科研力量，打破学科和教研部界限，组建“中国特色社会主义民主政治发展研究”“地方政府治理”“法治发展与治理现代化”“中国共产党执政能力现代化研究”“资源环境承载与新型城镇化建设”等6个青年科研咨政创新团队，先后承担“重庆市突发事件风险管理实践问题与对策研究”“互联网＋时代社会治理机制研究”“重庆市‘大众创业、万众创新’的政策措施落实情况第三方评估”等市政府、市级部门委托的智库研究项目23项。不仅提升了咨政成效，也增强了党校智库的影响力。

济南市委党校专门出台了《教研人员社会调研管理办法》，把重大专项调研与日常调研有机结合起来，鼓励广大教师根据实际情况，合理调配调研时间，把平时调研与集中调研结合起来，组织撰写高质量的调研报告，增强调研效果。

宁波市委党校出台了《加强调查研究推进智库建设的意见》，把调查研究作为智库建设的重要基础，鼓励教研人员到基层蹲点调研，校领导亲自带头领任务，带队到基层调研，形成了全员开展调查研究的良好氛围。

2016年10月出台的《中共成都市委关于加强和改进新形势下党

校工作的实施意见》提出："加强对成都发展战略的前瞻性研究，强化对党委决策部署的跟踪研究，及时报送高质量的研究报告。充分发挥党校学员作用，创新党校学员参与重大决策咨询机制。各级党委、政府要多向党校交课题、交任务，注重吸纳党校教研人员参与重要文件、重大决策研究和党政部门重大课题调研。""建立完善符合党校科研、智库运行特点的项目管理、经费使用、考核评价、成果转化等机制。建立既符合智力劳动特点和规律，又充分体现教研人员智力价值的教学科研咨询奖励制度。"2016 年 10 月出台的《中共长春市委关于加强和改进新形势下党校工作的实施意见》提出要充分发挥党校的重要智库作用，"从重视程度、资金保障、机构人员、成果运用等方面努力为党校智库建设创造良好条件。"地方各级党委纷纷出台的《实施意见》为各级党校在新型智库建设方面创新管理保障制度提供了充分的政策空间。

（二）加强队伍建设

为加强中国特色新型智库建设，地方党校普遍重视人才队伍建设，打造智库团队，取得了显著成绩。如浙江省委党校高度重视智库人才资源的整合，聘任资深学者型领导干部和有关专家担任高端智库专家，组成外围研究团队；推进教研咨一体化，提高学员咨政研究参与度；加强系统协作成立党校高端智库联盟；在各重点学科方向打造若干个创新研究团队。如天津市委党校，初步考虑新型智库的运行模式为"新型智库建设工作委员会＋专家委员会＋中心（学会、协会）"。工作委员会为决策层，拟邀请有关市领导牵头，相关职能部门负责同志组成，主要负责制定智库建设发展规划，协调解决智库建设发展重大问题，决定决策咨询重大选题，工作委员会的日常工作推动由天津市委党校具体负责；各专家委员会为执行层，主要依托相关教研部所和相关领域部门的研究部门牵头，由国际、国内和市相关领域的专家组成，主要落实工作委员会决策；每个专家委员会都会依托一个研究中心或相关专业学会、协会，具体承担一些重大课题和项目，开展课题研究和涉外培训等具体工作。工作委员会也可根据需要聘请国内外知名专家作为名誉主任或名誉顾问。

江苏省委党校把学科建设作为党校工作的基础工程，在学科方向凝练、人才队伍引进培养等方面采取一系列举措。一方面聚焦党校特色，加大力度建设马克思主义理论、党史党建、经济学、政治学等专业特色明显的优势学科，同时以重大理论和现实问题为主攻方向，加强学术研究，提升理论创新能力。另一方面加大相关学科人才队伍建设力度和人才培养力度，近三年先后引进党校特色专业博士 30 多名，为科研转型储备了较为充足的后备人才。在选送骨干教师参加培训的基础上，加大青年博士的挂职锻炼力度，加快成长的步伐。

（三）推进“教研咨”一体化

2009 年出台的《行政学院工作条例》就已经提出，要“坚持教学培训、科学研究、决策咨询三位一体，紧密结合，相互促进，协调发展”。各级党校积极构建“教学出题目，科研做文章，成果进课堂、进决策”的一体化机制，打破教师与科研人员界限，实现教学水平与科研水平、咨询水平共进，教学成果与科研成果、咨询成果互通。为此，有的地方党校（行政学院）调整教学科研咨询工作的考核办法，打破教学与科研咨询隔离屏障，使教学成果与咨询科研成果能够互比互代。有的地方党校（行政学院）为了发挥学员优势，吸引学员参与到决策研究中来，修订了《学员考核规定》，对学员参与决策研究的渠道，考核办法和奖励办法做明确规定。

上海市委党校自 2014 年制定并实施《拓展学员资源加强决策咨询研究的实施办法（试行）》以来，加大学员参与决策咨询研究力度，有力地促进了教研咨一体化发展、极大地提升校院决策咨询研究的社会影响力。2016 年学员参与并提交 16 期决咨成果，其中 11 份获省部级及以上领导 16 人次肯定批示。

从 2015 年秋季学期开始，北京市委党校提出学员在培训期间要增强成果意识，紧紧围绕当前全市工作中急需破解的重点难点问题，开展调查研究工作。研修班学员在班委的带动下，积极响应，在培训期间撰写出了高质量的咨询报告，较好地提升了学员研修环节的质量和水平。2015 年 12 月完成的“打造反磁力微中心，有效疏解中心城区人口”的调研报告，2016 年 7 月完成的关于首都治理的调研报告，先后获得多位中央领导的批示；还有多篇研修报告获得北京市委领导的批示。决策咨询部报送的“西山文化带文化传承与创新的对策建议”咨询报告，分别获得多位市领导的肯定性批示。

有的地方党校还建立了学员专家遴选库。比如天津市委党校借助“天津市‘十三五’城市发展中青年干部专题培训班”，建立了城乡建设规划专家遴选库，20 余名城市建设规划方面的领导干部入选。整合优势资源，借助全市党校系统“两学一做”学习教育宣讲团的师资力量，建立了“两学一做”学习教育专家遴选库，80 余名党建方面的专家学者成为特邀智库专家。

河北省委党校为进一步促进教学、科研和咨政的有机结合，制定了《关于推进教研咨一体化的实施意见》和《教研咨一体化实施办法》，提出了教研咨一体化的主要途径，制定了教研咨一体化专题评选办法，设置了教研咨一体化奖项，为进一步提高教学实效性和科研咨政水平提供了制度保障。为推进成果交流，在校园网设立了“决策咨询”专栏，及时发布决策咨询成果发表和领导批示情况及动态，供教研人员参考使用。

青海省委党校遵循学科发展的内在规律，立足青海省情，深入实施学科特色战略，有重点、有计划地推进“学科聚焦工程”，以“加强基础学科，培植优势学科，突出重点学科，开发新兴学科，以优势学科牵引重点学科，以重点学科带动相关学科，促进学科建设的整体发展”为总体思路，明确了各个教研部门的主攻学科和研究方向，聚焦攻关，聚力突破，为决策咨询打下坚实基础。同时，打破以教研部为主导的传统研究组织模式，跨学科组建了三江源生态文明、民族宗教、藏学、循环经济等 11 个非社团性质的研究中心，实现了开放、交叉、相容的学科建设发展新格局。

重庆市委党校将“加强教学研究，推进教研咨一体化”设立为2016年度学校重点工作项目，立项8项教学研究专项课题，开发的新专题已进入主体班课程，评教满意率均在94%以上，相关研究成果及咨政报告同步推进，教研咨三位一体、联通转化迈出实质性步伐。

为更好发挥科研对教学的支撑作用，推动教研咨一体化，江苏省委党校启动了2016年教学研究专项课题，选题紧扣当前理论热点问题和省委省政府战略部署，围绕江苏经济社会发展重点，并要求以课题组名义申报，鼓励跨部门、跨学科组成课题组，最终确立了6项校重大（教学专项）课题；参与学校教学专题的研究和讨论，推进教学中的科研含量。进一步深化主体班教学改革，组织8个班学员紧紧围绕江苏经济社会发展重大问题开展系列课题调研，并指派教研人员予以指导，形成了高质量的咨询报告。

广州市委党校在各主体班和专题研讨班全面开展课题组研究式教学，通过课题指导组方式，实现教研咨一体化：选派承担国家或省、市社会科学规划课题的教师下班与学员共同开展决策咨询课题研究；由教研部成立指导组，围绕学科建设方向确定决策咨询研究主题并开展课题调研；由市情研究所牵头组织决策咨询课题组下班开展调研。课题研究成果以决策咨询报告形式报送市委市政府主要领导和相关部门。

（四）优化智库建设布局

各地方党校积极参与省（市）委省（市）政府重大决策咨询工作。围绕省（市）委省（市）政府中心工作，组织参加省（市）委省（市）政府重要文件和领导讲话的起草以及各类决策咨询专题会议等。积极承担重大调研任务，承担省（市）领导直接交办的重大调研任务，组织决策服务项目立项研究。同时，积极承担省（市）委宣传部等单位委托的研究任务，并通过省（市）社科基金项目成果专报、省（市）委宣传部舆情摘报等报送研究成果。

上海市委党校结合新型智库建设工作，全面梳理校院级虚拟研究中心建设状况，2016年制定《关于研究中心的管理规定》，成立6个具有较强学科优势、定位清晰、特色鲜明、布局合理的研究中心，为中青年教研人员积极搭建研究交流平台，推进科研咨询工作再上新台阶。

浙江省委党校努力优化智库建设布局，提高高端智库的组织化水平。一是组建省委党校智库体系。拟成立高端智库决策咨询委员会，作为智库建设领导决策机构；组建专门的决策咨询部为日常管理机构；由“2+X”（即以马克思主义研究院、决策咨询部为核心机构，各研究院、研究中心、研究所为专业特色智库）组成党校智库体系。二是在“十三五”期间成立浙江省党校智库联盟。浙江省委党校历来重视全省党校系统的建设工作，开展全省党校系统优秀咨政成果评选、组织覆盖全省党校师资的科研咨政能力培训、每年进行重大项目的合作研究等工作已经开展多年，带动了市县党校的智库建设的热潮，现在全省每个市县区都基本完成科研工作的转型，均开辟了各自的咨政成果报送渠道，每年均有成果获得当地党委政府领导的批示和实际工作部门的采纳，有部分成果通过省委党校的《决策参阅》报送，获得省领导的批示。三是高度重视校地合作，与多个市县建立长期合作关系，如与浦江“四个全面”战略布局试点县的合作、与嘉善县合作成立科学发展研究院等。同时加强与省委宣传部、省委政研室、省发改委等工作部门的联系，取得良好成效。

河北省委党校目前已经在河北省沿海增长极之一的沧州渤海新区建立了首个调研基地，为教研人员深入一线开展调查研究、加强与实际工作部门合作交流搭建了平台。同时，拓宽合作渠道，推动与职能部门科研协作，先后与河北省发改委、省工信厅、省科协等单位建立了协作关系，在课题研究、共建调研基地等方面达成战略合作协议。河北省委党校还注重挖掘利用党校学员资源，发挥市县党校作用，建立了向学员和市县党校征集专题研究报告机制，组织校内外资源开展决策服务研究，初步形成了校内教研人员、学员和市县党校广泛参与的智库建设格局。

江苏省委党校成立了中国特色社会主义理论体系研究中心、马克思主义理论教学研究中心、省情研究中心、调查研究中心和青年学者论坛，进一步聚焦党委政府中心工作。2016年，调查研究中心组织主班次调研，形成了7篇调研报告，3篇获省领导批示；省情研究中心按照年初计划，围绕年度研究关键词，组织中心成员外出实地调研，撰写了多篇内部研究报告，并组稿编著江苏制造业研究。在党的建设研究基地和江苏决策咨询研究基地的基础上组建江苏省委党校“党的建设理论与实践创新研究院”，并被授牌江苏省重点培育智库，为更好发挥智库作用提供了重要平台和载体。基地成立以来，聚焦江苏党的建设重大理论与现实问题，已举办四届“江苏党的建设高层论坛”。江苏省委党校还加强与省委研究室、省政府研究室等部门的合作。三批9人次参加省政府研究室调研，并参与起草政府文件。多人次参加省委、省政府专家咨询会议。

咸阳市委党校先后在全市13个县市区建立了党的基层组织建设、新农村建设、现代农业高科技、孝文化等10个科研基地。一方面，科研人员定期深入基地进行调研，发现问题，形成报告，促进工作；另一方面，基地在工作实践中遇到的难点问题反馈给科研人员，科研人员确定课题，深入基地进行对策研究。

（五）重视激励奖励制度建设

设立校级课题并予以资助和奖励，专设决策咨询成果奖项，增设校级课题计分，突出有关优秀成果计分，加重决策咨询成果计分，有效调动教研人员积极性；制定倾斜政策，在职称评聘、工作量考核、成果奖评审、工作组织奖评审、研究基地和创新团队建设等多个方面对决策咨询研究予以倾斜；制定后期资助制度，针对决策咨询研究时效性强与成果导向的特点，对于未经校院资助而又取得咨询成果的，给予追加资助；将智库成果作为重要因素纳入教学科研、专业技术职务评审、岗位聘任等各环节，建立成果评价激励机制，确保既出成果又出人才。

浙江省委党校专门出台《精品和优秀咨询成果奖励》《高端智库专家课题资助奖励暂行办法》《咨政奖评选办法（试行）》等系列激励奖励制度，明确研究教研部门和管理部门、教师和学员、在职和退休、校内和校外一体化的奖励制度，充分调动了各方力量为智库建设、浙江省中心工作和长远发展献计献策。同时把决策咨询成果作为职称评定的必备条件之一，激励教研人员科研转型。

上海市委党校适时颁布了《决策咨询研究奖励办法》，明确决策咨询研究奖励的范围以及 7 种决咨成果奖励类型，把决策咨询研究成果与岗位考核、职称评聘、岗级聘任、经费资助、经费奖励、先进评选、出国进修等一系列工作挂钩。获中央政治局常委、党和国家其他领导人肯定批示的，每项对应不同档次的奖励，在职称评聘中可折算 1 篇权威期刊论文；获国家部委办、市委、市政府、市人大、市政协主要领导及其他在职领导、省部级领导肯定批示，每项也对应不同档次的奖励，在职称评聘中可折算 1 篇核心期刊论文等。

河北省委党校对决策咨询成果在研究资助的基础上，每年进行一次优秀成果评选奖励，一等奖每项奖励 2 万元，二等奖每项奖励 1 万元。

南京市委党校实现科研转型发展，努力用好“学术研究、理论宣传、决策咨询”三支笔，努力推进新型智库建设，强化决策咨询，成立市情研究中心，专司决策咨询；制定了《优秀（决策咨询）成果奖励办法》，以政策牵引和激发决策咨询。

（六）提供高质量成果

各级党校（行政学院）在智库建设中注重参与党和政府重大决策、承担重大委托任务、深入回答学员“两带来”问题、研究设置决策咨询议题等，孕育孵化质量上乘的智库成果。同时，建立智库成果应用转化机制，多渠道推动智库成果转化，特别是通过内参刊物这一“直通车”，及时向党委政府报送决策咨询成果，普遍取得了良好效果。

上海市委党校通过聚焦党委、政府工作的热点、重点，不断提升决策咨询工作的精准性。2016 年共编发 27 期《内参专报》，其中有 15 份成果获得 21 人次省部级以上领导肯定批示。一份成果经市委办公厅报送，被中央办公厅内参采纳，并获中央政治局委员肯定批示。

江苏省委党校 2016 年决策咨询成果显著。围绕党委政府中心工作，组织重大理论宣传文章 20 多篇，组织学员深入调研，形成研究报告 40 多篇，举办党的建设高层论坛，围绕党的建设重大理论与现实问题，组织本领域国内著名专家深入研讨，形成系列研究成果。编辑研究报告 12 份，报送中央党校和省委省政府领导，有 6 篇成果获得省领导 9 人次肯定性批示。

北京市委党校 2016 年共编发《党校送阅件》26 期，其中获得省部级以上领导批示 19 人次。

重庆市委党校把咨询作为与教学、科研并列的三大项重点工作之一，强化“教学决定生存，科研决定水平，咨询决定地位，质量决定兴衰”理念。2016 年，咨政内参《领导视窗》送出 100 期，批示 56 期 94 人次，正部级以上领导批示 14 期 17 人次；2016 年，该校被增设为“重庆市中国特色社会主义理论体系研究中心分中心”，完成市纪委、市委办公厅、市委研究室等主题约稿 18 篇、完成市委组织部交办的市第五次党代会“健全党员干部经常性党性教育和党性锻炼制度”专题调研报告、6 个选题入选全市十八届六中全会精神宣传阐释研究专题，完成国家行政学院交办的“科研服务经济社会发展的有益探索”案例。

河北省委党校围绕省委省政府中心工作和省领导决策服务需求，组织开展校决策服务项目立项研究，2016 年立项决策服务项目 17 项，并推出一大批高质量研究成果，受到省委省政府领导肯定性批示。加强转化平台建设，努力提高《决策参考》质量，提高了研究成果的转化效率。2016 年共印发《决策参考》26 期，其中 20 期被省委省政府领导批示 38 人次，8 期得到省委省政府主要领导批示。

浙江省委党校通过重点对习近平总书记主政浙江时期的重要思想研究、“八八战略”与浙江发展研究、“四个全面战略布局”在浙江的实践研究、“五大发展理念”在浙江的实践研究等，在此基础上，不断总结和提炼习近平治国理政新理念新思想新战略的基本内容、理论品格和理论贡献，不断丰富和深化对当代马克思主义理论的研究，出了一大批成果。2016 年，省委省政府还委托浙江省委党校承担省重大改革项目第三方评估，启动了咨询研究的新内容。

大连市委党校先后组织精干力量与市人大、市编办、市农委、市委政研室、市外经贸局、市夏季达沃斯论坛办公室、市公交集团、市停车协会等部门和单位组成联合调研组，进行市情课题专题研究。先后呈报了《关于推进大连大樱桃等农产品电子商务发展的建议》《关于由市公交集团统一运营临时占道停车泊位的建议》《构建更高层次开放型经济新体制全面提升大连开放型经济新水平的建议》《关于大连依托夏季达沃斯论坛提升中国文化对外传播力的对策建议》《关于市公共服务中心集中审批出现的新情况新问题及解决建议》《关于加强行政审批事中事后监管的建议》《关于加快我市电动车充电设施建设的建议》等多篇咨询成果，其中有 3 篇咨询成果得到市委市政府主要领导签批，1 篇咨询成果被采纳并按照建议方案操作实施。

此外，中央党校、国家行政学院以及省级、副省级城市党校普遍重视舆论引领、公共外交等，力求发出党校声音。例如，2016 年 9 月，山东省委党校联合山东省社科院组织 20 人一行赴美国开展主题为“智库建设与决策咨询”专题培训，通过课堂讲授、公务拜访、讨论交流等培训方式，对美国智库的发展现状、地位作用、运行管理方式、基本特点、发展趋势等形成了系统认识。

七、进一步努力的方向

在充分肯定 2016 年党校系统智库建设取得的显著成绩的同时，也必须看到，党校系统智库建设在满足决策需求、构建自身影响力等方面仍存在一些问题和困难：思想认识没有真正转变，大多数科研人员仍以论文、专著作为自身科研追求；现有体制机制对智库建设不够适应，管理模式僵化老旧，还没有形成一套行之有效的、符合智库发展规律的管理方法与考核评价体系等；在智库的成果认定特别是经费分配上，对“人”的奖励力度较小，科研收入与智力付出程度不够匹配；全国党校系统智库建设协作工作还没有制度化、常态化的推进保障，等等。

建设新型智库，要集中优势、整合资源，立足实际、借鉴经验，以自觉的价值追求与责任担当，为党的治国理政新实践提供更坚实的思想支撑，可围绕以下五个关键词重点推进。

特色。习近平总书记指出：“党校开展哲学社会科学研究，不能坐而论道，而要有党校的特点。党校如果同一般的社会科学研究机构、大学研究机构一样，那就没有特点了，也没有自身优势了。”① 中央党校常务副校长何毅亭强调，要贡献“治国理政的党校智慧”，这就要求发挥党校优势，凸显党校特色，把优势资源和力量集中到党和国家最需要、最急迫的重大决策研究上。党校智库建设应增强服务意识，深入挖掘马列科社、党史党建、经济政法、民族宗教等研究的传统优势，提供智力支持，把新形势下管党治党的要求落到实处。但目前来看，全国各级党校智库研究方向多与具体经济建设工作相关，独立的党建智库机构较少，对党建研究的重视程度和建言水平都有待加强。

引领。一方面要充分发挥中央党校、国家行政学院的高端智库引领作用。中央党校、国家行政学院作为首批国家高端智库试点单一，应为广大党校智库树立标杆、提供导向，在智库管理、人才建设、经费保障等方面给予指导与建议。此外，要充分发挥高端智库优秀带头人和各智库队伍中领军人物的模范带头作用，全力挖掘智库团队特别是年轻学者的潜力与热情。

协同。全国有近 3000 所党校，应发挥协同效应，打造智库“航母”，建立完整智库体系，形成叫得响的党校系统智库品牌。当前，高校、社科院等系统都成立了智库联盟，以调动和凝聚系统力量。建议

① 习近平：《在全国党校工作会议上的讲话》，《求是》2016 年第 9 期。

尽快组建党校系统智库联盟，完善系统协作机制，形成系统内各种决策资源充分整合、各类智库竞相发展的局面；组建主题研究团队，在重要时段就重大问题开展联合攻关；利用学员资源加强党情政情社情的收集分析，充分发挥学员实践优势，以课题为抓手，组织教员与学员联合开展调研，吸纳学员加入智库专家库。

创新。一是运营模式创新。将智库工作放置于党校整体布局中谋划，遵循智库规律，借鉴成功经验，引入智库专门管理人才，探索与党校工作兼容又有效的新型智库运营模式。二是管理办法创新。主要是围绕激发智库成员的主动性和创造性，改革和创新管理方式，在人才引进、评价机制、经费使用等方面提供活力保障。三是研究方法创新。大数据时代，要树立“互联网+”思维，将传统研究方式与新兴技术手段相结合，提高数据分析、实证分析等研究能力，保证研究的高端性与科学性。

开放。对内积极向公众开放。“启民”也是智库的一项重要功能，要通过多种形式特别是新媒体传播手段，将研究成果适时适度向公众发布，解疑释惑、引领舆论，提升党校智库的社会影响力。对外积极开展国际对接与合作。一个值得注意的现象是，在近年来国内与国外研究机构发布的智库评价榜单中，党校智库排名差异很大。这除了与评价标准不一、党校咨政成果的特殊性有关，也从一个侧面反映了党校的对外传播力有待加强。因此，党校智库要加大智库成果的国际推介力度，如开办外文网站、翻译出版研究报告等，向世界介绍中国特色社会主义建设经验、表达中国主张，在坚持党校姓党的原则上，与国外著名智库和研究机构开展交流合作，参与国际问题研究，扩大国际影响力。

第四章　跨类型智库协同创新

随着改革开放逐渐深入至攻坚期，我们党正面临着日益复杂的新挑战、新情况、新问题。随着近年来国内“智库热”的兴起，智库在为我们党带领全国人民打好改革的攻坚战提供建议的作用愈发显著。我们党对于智库的建设也给予了高度的重视。党的十八大指出：坚持科学决策、民主决策、依法决策，健全决策机制和程序，发挥思想库作用，建立健全决策问责和纠错制度。党的十八届三中全会通过的《中共中央关于全面深化改革若干重大问题的决定》中指出：“加强中国特色新型智库建设，建立健全决策咨询制度。”① 中央全面深化改革领导小组第六次会议审议了《关于加强中国特色新型智库建设的意见》。习近平总书记强调：我们进行治国理政，必须善于集中各方面智慧、凝聚广泛力量。改革发展任务越是艰巨繁重，越需要强大的智力支持。要从推动科学决策、民主决策，推进国家治理体系和治理能力现代化、增强国家软实力的战略高度，把中国特色新型智库建设作为一项重大而紧迫的任务切实抓好。② 目前在我国国内存在着一定数量的不同类型的智库，但它们在独立发挥作用的时候存在着一定的不足，有必要进行跨类型智库协同创新，并进一步研讨如何实现这种协同创

---

① 《中共中央关于全面深化改革若干重大问题的决定》，新华网 http://news.xinhuanet.com/politics/2013－11/15/c_118164235.htm.

② 参见习近平：《全面推进依法治国也需要深化改革》，新华网 http://news.xinhuanet.com/politics/2014－10/27/c_1112998021.htm.2014－10－27/2014－12－18.

新，以使它们的效用最大化。

一、跨类型智库协同创新的必要性

一般认为，智库一词最早是由美国提出的，最初专指第二次世界大战期间美国军事人员和文职专家聚集在一起讨论制定战争计划及其他军事问题的军事服务部门，后来转而称呼那些从事独立的公共政策研究的各类学术机构。[①] 国际上一般认为现代意义上的智库有四大特点：独立性、非营利性、现实性和政治性。虽然智库的定义在国内外相关研究领域有所差异，但这四个特点显然是这些定义的基础。鉴于我国的实际情况，本文认为智库应当是在中国共产党的领导下，以问题为导向，以服务党和政府科学民主依法决策为宗旨的，相对稳定且运作规范，并发挥着多元功能的非营利性政策研究机构。从这个定义出发，依据一定的划分标准，我国目前有一定数量的不同类型的智库，这些智库各自存在一定的问题，急需进行跨类型智库协同创新。

（一）智库类型

目前国内外研究学者对于智库的分类由于划分依据和方法的不同而存在较大差异，划分标准主要根据智库的规模大小、研究领域和隶属关系。周仲高认为智库分类是以标准为中心向外形成的圈层结构。[②] 综合来看，国内外智库研究学者对于智库类型的划分依据有智库的研究专业知识类型、智库的隶属关系和资金、智库的预算规模、智库研究问题的导向类型以及智库的政治立场倾向和意识形态。具体来看，威弗较早地根据功能对智库进行划分，认为一类智库是以学术理论研究为导向的组织机构；另一类是以接受合同委托研究的机构；还有一

① 参见林芯竹：《为谁而谋——美国思想库与公共政策制定》，知识产权出版社 2007 年版，第 2—3 页。

② 参见周仲高：《智库的科学分类与准确定位》，《重庆社会科学》2013 年第 3 期。

类是倡导型的智库。[①] 安德鲁·里奇将智库分为面向市场的、不面向市场的和合同研究三大类。[②] 麦肯根据智库中研究者的类型和智库的社会功能将智库划分成政党代言型智库、政策制定型智库、影子型智库、社会活动家型智库和学者型智库。[③] 丁煌将智库划分为官方的智库机构、半官方的智库机构、民间的智库机构和大学的智库机构四类。[④] 汪延炯将智库分为单一课题组、合同制研究机构、大学的研究机构和倡导式思想库。[⑤] 薛澜、朱旭峰根据法律将我国智库划分为事业单位法人型智库、企业型智库、民办非企业单位法人型智库和大学下属型智库。[⑥] 王晓明、蔡晨风将研究机构划分为公司类研究机构、社团类研究机构和议会服务机构。[⑦] 马骏认为智库可分为政党型、学术型、倡导型和契约研究型智库。[⑧]

诚然，由于各国实际情况的不同、各智库发展程度的不同以及各国智库所发挥的功能不同等因素，导致国内外智库研究学者们对于智库类型的划分有所不同。本文根据我国实际，主要从智库的组织形式、隶属关系和研究领域三个方面出发，对我国智库进行归类：目前我国国内的智库主要有政府智库、高校智库、民间智库以及企业智库四类。

具体来说，政府智库是指专门为我国党政军机关制定战略部署、重要决策和政策法规提供决策支撑和咨询服务的组织机构。该类智库有些是直属于党政军系统的内部机关或下属单位，有些是单独的决策

---

① 参见 Kent R. Weaver：The Changing World of Think Tanks，Political Science and Politics，1989，563—578.

② 参见 Andrew Rich：Think Tanks，Public Policy，and the Politics of Expertise，New York：Cambridge University Press，2004，88—92.

③ 参见〔美〕詹姆斯·麦肯：《全球智库调查报告》，《外交政策》2009 年第 1 期。

④ 参见丁煌：《美国的思想库及其在政府决策中的作用》，《国际技术经济研究学报》1997 年第 3 期。

⑤ 参见汪延炯：《论思想库》，《中国软科学》1997 年第 2 期。

⑥ 参见朱旭峰：《中国思想库——政策过程中的影响力研究》，清华大学出版社 2009 年版，第 70—74 页。

⑦ 参见王晓明、蔡晨风：《美国研究机构及其取得成功的原因》，《北京大学学报》（哲社版）2001 年第 1 期。

⑧ 参见马骏：《现代智库及其功能分析》，《人民论坛》2012 年第 5 期。

咨询机构。政府智库的特点是研究队伍相对稳定，研究机制相对健全，经费来源（即国家财政拨款）相对充足，研究内容受党政部门委托，研究目标明确且信息易获取，研究结果应用性较强，具备较强的综合竞争力。这种类型的智库在我国各类智库中具有重要地位，是目前我国政府决策咨询的主要对象。属于这种类型的智库有中央政策研究室、国务院参事室、国务院研究室、国务院发展研究中心、军事科学院（同时也属于军事高校）和地方层次的同类组织机构都属于党政军系统内部的智库。而中央党校、国家行政学院、中国社科院及地方党校、行政学院、社科院虽然也属于党政军系统，但作为独立的咨询机构在进行政策研究的同时，还进行其他学术研究工作。（王厚全，2016）这里需要指出的是，有学者有“官方智库”与“半官方智库”的划分，其中“半官方智库”指的是在机构设置上不直接属于政府系统，但挂靠在官方机构名下的研究机构。它们的经费支持、人员任命、业务内容等也依赖于政府系统的各类智库，在智库类型方面介于政府智库与民间智库之间，多为学术机构、社团组织身份。本章认为，可以将这些“半官方智库”中的部分划分为政府智库，部分可划分为民间智库。高校智库是指隶属于大学，由单个大学或者由其他机构、团体的协助下创办，进行相关的学术研究和政策研究，以影响公共决策为目的的咨询研究机构。这里需要指出的是，高校智库不具备独立法人资格，只能是以高校的名义进行项目的合作。高校智库的特点是受行政组织影响较小，研究人员素质和层次高，科研学科和研究领域广泛，具备较强的理论基础，注重智库成员的人才培养，研究理念较为先进，研究成果具有独立性、客观性、科学性和灵活性。（吴宗哲，2015）属于这类智库的有清华大学公共管理学院的国情研究中心、北京大学中国经济研究中心、中国人民大学的重阳金融研究院等。民间智库是指在组织上独立于其他机构，由民间力量成立并运营，主要有民间出资组织并且体现民间声音或者政策需求的政策研究和咨询组织。它最大的特征是独立性，与社会精英保持着密切联系，是我国公民参与国家政治生活的重要形式。研究人员主要由学者、专家和前政府官员组成。

属于这类智库的有北京零点调查研究集团、新花都经济与管理研究院、经纬智库等。企业智库是指由大型企业创建，以企业发展为主要研究对象的研究机构，这类智库的特点是资金优势突出、技术手段先进、智库建设规范灵活以及传播渠道多元，属于这类智库的有百度智库、阿里巴巴智库、腾讯智库等。

（二）各类型智库存在的问题

改革开放以来，新的社会问题不断增加，许多因素致使党和政府在进行决策时所处的环境更加复杂，影响决策的因素增加以及进行决策所需要的信息量和成本逐步增加。习近平同志指出：智力资源是一个国家、一个民族最宝贵的资源。我们进行治国理政，必须善于集中各方面智慧、凝聚最广泛力量。改革发展任务越是艰巨繁重，越需要强大的智力支持。① 我们可以看到，20 世纪 80 年代以来，我国智库发展迅猛，许多智库相继建立，智库的组成也有了变化，不同类型的智库相继创建。在这个过程中，我国智库的独立性日益增强，这使得智库的成果更加客观，可以更好地发挥其作用。不仅如此，我国智库的国际化程度有所提高，对于公共政策制定所作出的贡献也越来越大。但是，我们也要看到，我国的智库也存在着一些问题，如开放程度不高、影响力不足、资金筹措机制不健全、缺乏合理的人才构成和内部分工、智库的自身公信力较低、“话语权”较弱等。针对不同类型的智库，其所存在的问题也有所不同，具体来说：

政府智库方面，影响力和公信力较为缺乏，这是由于其和党委政府之间的特殊关系（或为下属单位，或者属于依附关系，或者主要经费由官方资助），其研究成果和政策建议必须服从党委政府的宏观决策安排，有时不能代表民声民意，甚至其判断与事实相背，并且部分政府智库的公正性和专业性由此也受到了社会各界的质疑。② 这种与政

① 参见《学习贯彻党的十八届四中全会精神　运用法治思维和法治方式推进改革》，《人民日报》2014 年 10 月 28 日。

② 参见徐晓虎：《中国智库的基本问题研究》，《学术论坛》2012 年第 11 期。

府机关合二为一的决策咨询体系最显著的弊端就是缺乏必要的独立自主性。[①] 在这种情况下，智库对于对事关战略利益的探索性课题鲜有主动研究。另外，作为智库研究人员，不仅要进行政策研究，而且还承担大量的行政事务工作，如此一来职能的多样化必然导致其提供咨询的功能弱化，这会影响到所在智库功能作用的充分发挥。

高校智库方面，一是高校智库的职能定位不足，缺乏智库意识。从高校智库发展的共性问题分析，大学的使命、价值和智库功能的冲突是发展困境的一个根本问题。[②] 高校长期以来与社会保持一定的距离，从某种程度上自身的清高与所进行的某些学术研究造成了高校智库研究的曲高和寡，这样一来既得不到政府的重视与社会的认可，又无法认清自身存在的问题。二是学术研究成果被决策咨询采纳的少，这是由于高校所进行的研究较为偏重理论成果的系统性，对研究的现实实用性有所忽视。根据相关数据统计显示，近 5 年间，高校人文社会科学领域出版著作 15 万部，共发表论文数量达 158 万篇之多，其中在国际刊物上发表的论文约 2 万篇。高校人文社会科学重点研究基地承担国家社科基金重大项目近 70 项，教育部重大课题攻关项目近 100 项，向中央、国务院各部委和地方政府提供咨询报告、政策建议 6 万余份，中央领导通知批示或省部级以上部门采纳的仅千余份。[③] 三是智库成果评价方式单一使得研究人员积极性受到影响，无论是高校方面“科研至上”的评价体制机制，还是政府方面缺乏一整套完整的采纳高校研究成果的标准、成果评价方式单一化，加之高校智库研究人员本职工作的繁重，这些因素都使得研究人员的积极性受到影响。四是高端智库成果发布平台缺失，影响力薄弱。2015 年 1 月 15 日，我国发布了首份由数据指标做参照排名的《2014 中国智库影响力报告》，

---

① 参见陈双梅：《智库建设的困境摆脱与国家软实力提升》，《重庆社会科学》2012 年第 5 期。

② 参见韩万渠：《中国高校智库的组织变迁、发展困境与对策研究》，《高教探索》2016 年第 5 期。

③ 参见高靓：《打造中国特色新型大学智库——写在繁荣发展大学哲学社会科学、推动中国特色新型智库建设座谈会召开之际》，《中国教育报》2013 年第 12 期。

在综合影响力前30名中，高校智库只有8家。这8家高校智库中，入围前10名的仅有两家，分别是北京大学国家发展研究院和中国人民大学重阳金融研究院。（吴迪，2015）目前我国高校智库的自我营销能力较弱，可以依赖的高端智库平台较为缺失，传播力模式与运行机制不成熟，提升传播力的途径和渠道较少，并且存在一定的同质化，使得研究成果难以转化，从而降低了高校智库的影响力。另外，我国高校智库还存在着人员组织模式固化、智库型人才匮乏、运行机制呆板、依附性强等问题。

民间智库方面，一方面从民间智库自身建设角度来说，存在规模较小、机构不够健全、人员组成单一且流动性差以及专业人才匮乏、专业化程度较低、整体素质有待提高等问题。中国智库组织机构数量约为2500个，与美国相近，研究人员3.5万人，但是属于民办性质的不足5%。而且，在这3.5万的研究人员中，绝大多数还是在体制内工作，是兼职参与民间智库的研究课题。① 民间智库人数很少，有的仅一两个人。与此形成鲜明对比的是，美国著名的民间智库兰德公司有1600名员工，此外还向社会聘用了约600名知名教授和各类高级专家。② 国内民间智库内部人员主要来自科研机构和高校的专家学者，且其学科背景主要为一些社会比较关注的热门学科，这就使得多学科的整合力度远远不够，流动性较差。由于现行体制和政策的制约，许多政策研究和分析专家不愿意或较难到民间智库中谋职，致使民间智库总体上专业化程度有所降低。另一方面，从运行条件和外部环境来看，存在身份归属不明确难、缺少资金来源、信息系统不健全等问题。在政府主导型智库垄断全国智库的格局是当前中国总体智库现状，它折射了民间智库的尴尬生存境地；不止如此，政府主导型智库还由于资金来源主要由政府或事业单位出资，人员聘任、职称评定等受主管部门影响，因而其研究过程中不仅不能保证研究的价值中立原则，而

① 参见李安方等：《中国智库竞争力建设方略》，上海社会科学院出版社2010年版，第73页。

② 参见李俏梅：《我国民间智库的培育及其发展》，《重庆社会科学》2013年第8期。

且研究结果通常要符合政府设定的目标，成为诠释政府意志的工具，这往往不能保证智库研究成果的客观性、科学性，前瞻性和战略性也就大打折扣。[①] 由于我国的法人组织管理不够完善，导致民间智库没有明确的归属，学界关于民间智库的身份归属存在是否属于非政府组织的争论，但无论如何，均存在注册难的问题。同时，我国的民间智库的资金多为自筹，缺乏长期、稳定、充足和多元化的资金来源。“缺乏充足和多元化的资金来源，也必然影响民间智库的独立性，影响其研究的持续性和结果的信度”[②] 另外，我国民间智库信息化水平相对较低，与政府机关共用同一个数据系统，但有时由于信息公布制度的不透明，民间智库拿不到准确充足的信息数据，导致其研究成果质量大打折扣。

企业智库方面，存在阐释性成果较多、人才队伍建设有待提高、存在“智库孤岛”现象等问题。企业智库的成果多以数据为主要呈现形式，阐释研究问题的现状，所研究的内容以市场为导向，这就使得其成果对问题的原因剖析、发展走向、解决思路等研判不够深入，并且对基础性、前瞻性、国际性的问题研究不够，同时智库产品缺乏理论创新。人才队伍建设上智库专家、专职研究人员以及具备政府工作背景的人员较少，这就造成了其研究能力不强的问题。另外，在企业智库中存在一定的重复研究，企业智库内部、不同智库之间、智库与研究机构、智库与政府之间由于分散建设，缺乏合力，存在一定的壁垒，无法实现信息交换，从而产生“智库孤岛”现象。[③]

（三）跨类型智库协同创新的必要性

管理学家比尔曾说：“旧世界的特点是管理事务，而新世界的特点

① 参见田萍：《经济学视野下的中国民间智库：问题与出路》，《广西社会科学》2015 年第 4 期。

② 王志存：《中国民间智库的发展障碍与对策思考》，《法制与社会》2009 年第 8 期。

③ 参见丁炫凯、徐致远：《我国互联网企业智库成果量化分析——以百度、阿里巴巴、腾讯（BAT）为例》，《图书馆论坛》2016 年第 5 期。

需要处理复杂性。”[①] 当前，全球化、现代化和民主化等对我国进行决策的影响逐步加深，我国进入社会矛盾多发期和凸显期，使得决策议题更加多样化，加之社会利益分化加速，政策制定的复杂性有增无减。这些挑战促使我们必须与时俱进，转变思维着手处理这些问题。智库的核心价值在于科学的政策研究与分析，并为政府决策提供建议和方案。[②] 由此来看，从我国现阶段的现实情况、构建中国特色新型智库、我国智库建设发展趋势以及目前我国各类型智库所存在的问题四个方面来看，我们需要进行跨类型智库的协同创新。

第一，跨类型智库协同创新是应对我国现阶段发展情况的现实需要。随着我国综合国力的提升和发展阶段的转变，中央决策所面临的国内外环境正在发生深刻变化，所面临的矛盾和挑战日益复杂，对科学决策、民主决策的要求越来越高。特别是在国内经济发展爬坡过坎处于结构调整阵痛期、增长速度换挡期，全面深化改革处于攻坚闯关克难期，社会建设处于深层次矛盾凸显期，决策需要考虑的因素越来越多，对决策的全局性、前瞻性、战略性、综合性和长期性问题提出了更高的要求。[③] 根据政府失灵理论，智库对公共政策的参与咨询可以弥补政府宏观调控中的无效行政行为，纠正公共政策的偏差。面对目前我国经济利益多样化、公众利益多元化的背景，政府所面对的公共事务越来越多，这要求公共决策的制定涉及更多内容和范围以实现行政职能目标，进行跨类型智库协同可以有效地解决这个现实问题。现如今，反映和迎合多元化的利益需求，就要使人民群众充分行使决策参与的民主权利，听取各行各业专家、能人的意见，决策目标体现民意，实现人民群众的根本利益。[④] 2014 年 10 月 25 日，习近平同志在致信祝贺浦江创新论坛在上海开幕中强调了本届论坛的主题是“协

---

① 〔美〕W. E. 哈拉尔著，冯韵文、黄玉馥译：《新资本主义》，社会科学文献出版社 1991 年版，第 119 页。

② 参见金家厚：《政府智库与民间智库的合作与交流》，《重庆社会科学》2012 年第 7 期。

③ 参见李国强：《对“加强中国特色新型智库建设”的认识和探索》，《中国行政管理》2014 年第 5 期。

④ 参见侯书和：《公共决策失灵的治理对策》，《中州学刊》2011 年第 1 期。

同发展，共享机遇”。“协同创新”是指围绕创新目标，多主体、多元素共同协作、相互补充、配合协作的创新行为。在带领中国经济社会全面深化改革的过程中必须依托创新行为，无论是制度创新、文化创新，还是科技创新，都必须全面贯彻“协同创新”这个理念。① 世界不能是单极化的世界，在经济全球化的今天，只有协同创新才能解决落后生产力与人民日益增长的物质文化需求的矛盾，这是中国的具体国情所决定的，也是推动世界经济共同发展的需要。因此跨类型智库协同创新必须依据我国具体国情，以广大人民群众的根本利益为根本出发点，不同类型智库共同协作、相互补充、配合协作。

第二，跨类型智库协同创新是构建中国特色新型智库的应有之义。现阶段我国正处于中国特色新型智库建设时期，突破原有智库制度体系、运行过程，结合我国国情，以人民利益为出发点，努力打造服务决策、服务社会和服务人民的中国特色新型智库显得十分重要，这对于推动我国经济社会发展、提供科学决策意见、提升国家软实力具有十分重要的意义。中国行政体制改革研究会会长魏礼群指出：“理解‘中国特色新型智库’的基本特征和内涵应着眼于三个方面——‘智库’是制造和提供智力产品或思想产品的机构；‘中国特色智库’要体现中国精神、中国制度、中国道路，人民福祉为本、国家利益至上；‘新型，是智库的思想观念、组织形式、运行机制、管理方式、制度规范有别于外国智库，也有别于中国传统智库和现有体制内智库，应该是创新型、开放式、现代化的办会理念和治理模式。”② 中国特色新型智库建设在党的领导下形成了政府智库、高校智库、民间智库和企业智库多元主体共同发展的局面。因此，我国跨类型智库协同的参与主体主要包括三类：第一类主体是提供决策需求信息的政府、企业与社会等，其中政府处于主导地位，政府机构应尽可能地给予智库更多的

① 参见学习大军：《习近平用“协同创新”思维促发展》，中国青年网 http：//pinglun. youth. cn/wywy/shsz/201410/t20141030 _ 5944054. htm.

② 《魏礼群院长谈“中国特色新型智库”》，北京师范大学中国社会管理研究院/社会学院网站 http：//casm. bnu. edu. cn/news/783. jhtml.

信息资源建设空间，在政策导向、制度规范、资金支持、资源配套、平台建设等方面扶持智库情报服务创新与发展，同时企业、社会等也应起到一定的引导和监督作用①；第二类主体是将政府智库、高校智库、民间智库和企业智库这四类智库作为核心主体纳入到整个服务体系中，也是我国决策咨询制度战略部署的重要对象；第三类主体是外在的智库相关机构，如（图书）情报机构以及大型信息服务机构等。需要指出的是，协同创新本质上是管理创新，是实现局部功能整合大于整体叠加的效应。协同中的个体之间不存在从属关系，作为一种社会分工的动态整合状态而存在。② 因此，跨类型智库协同有助于推动中国特色新型智库建设，是进一步构建中国特色新型智库的题中应有之义。

第三，跨类型智库协同创新是我国智库建设发展的必然趋势。智库发展作为智库变迁的延伸和拓展，以人类社会的基本需求和价值定位为主要导向。人类社会发展向智库提出了需要解决的现实问题、需要协调的公共关系和需要制定的公共政策。随着公众在需求范围及质量水平方面的提升，各层次的智库必须在产品多样性、产品质量水平及研究的前瞻性（超前性）方面打造和提炼自己。（王厚全，2016）就发展阶段而言，目前我国智库发展进入了新阶段，主要标志有两个，一是新一届中央领导高度重视智库建设；二是我国经济社会深刻转型发展，面对更加纷繁复杂的国内外形势，公共政策决策更加需要和更加依赖智库。③ 在这个阶段，政治精英、一般政治精英、知识精英等多种利益主体互动的合作模式更加深入拓展，智库的研究服务进一步多元化、国际化、网络化、信息化，研究手段更为便捷化、智能化，单个类型智库是愈发的难以满足这些发展要求，只有进行跨类型智库

① 参见李纲、李阳：《面向决策的智库协同创新情报服务：功能定位与体系构建》，《图书与情报》2016 年第 1 期。

② 参见杨静、陈赟畅：《协同创新理念下高校新型智库建设研究》，《科技进步与对策》2015 年第 7 期。

③ 参见李国强：《对“加强中国特色新型智库建设”的认识和探索》，《中国行政管理》2014 年第 5 期。

协同才能满足这些要求，这是我国智库建设发展的必然趋势。

第四，跨类型智库协同创新是解决各类型智库问题的必然选择。如前文所述，我国的智库存在着一些如影响力不足、缺乏合理的人才构成和内部分工、智库的自身公信力较低、“话语权”较弱等问题，并且各类型智库在运行中自身也存在着不同的问题。著名智库评价专家詹姆斯·麦克甘认为，我国智库最大的问题就是其“独立性”——很多智库的运营像“黑洞”（如缺少网站联系方式、学者个人档案等），无法实现更为广泛的交流与合作。[①] 在信息网络化与大数据时代，用于政府决策的“知识”范畴在不断扩大，而智库之间又缺乏平行交叉沟通与协同，缺少必要的联系、合作、对接和耦合，无法实现智库和智库群间的协同创新。[②] 各类型智库间的协同有利于形成知识思想、专业技术等的分享，克服单一类型智库在知识结构上的缺陷。从智库建设出发，跨类型智库协同可以实现人才、信息、技术、资金等要素的深度融合，是解决各类型智库问题的必然选择。

二、跨类型智库协同创新

在认识到跨类型智库协同创新的必要性后，我们不得不思考如何进行这种协同，这需要借鉴外国案例的成功经验，更需要我们根据我国不同类型智库发展的实际情况进行深入的思考研究。美国是现代智库的摇篮，其“智库方队”建设对我们进行跨类型智库协同具有一定的启示意义。进一步来说，抚脉美国智库的成长发展历史，我们也可以从中总结其逻辑过程，这对于我们进行跨类型智库协同同样具有启发意义。因此，我们应从目前我国智库发展的实际出发，结合这些经验，切实推进跨类型智库协同创新。

---

① 参见柯白玮：《“黑洞”运营　中国智库困局待破》，《中国智库》2013 年第 2 期。

② 参见李纲、李阳：《面向决策的智库协同创新情报服务：功能定位与体系构建》，《图书与情报》2016 年第 1 期。

（一）美国智库的跨类型协同——“智库方队”建设

现代智库兴起于美国、发展于美国、繁盛于美国。一定程度上，一部现代智库成长史可以浓缩并体现在美国智库的全部演进历程中。[①] 学者贾曼和科兹米恩（Jarman&Kouzimin）甚至认为，智库成长的“种子尚未真正在美国以外的地区开枝散叶”[②]。经过100多年的发展演变，美国智库逐渐成为生产思想的制造工厂、意识形态碰撞的重要阵地、学者智慧交流博弈的广阔市场，也逐渐成为在一定程度上能够影响其他国家政府决策、公共政策制定的信息和智慧的来源，被一些学者称为预报未来政府政策走向的“风向标”、政府决策的“外脑”、政治行情的“晴雨表”。美国智库成为影响美国公共领域决策和司法立法的政治力量，被美国人称为“第五支力量”，成为能够表达社会各方利益的重要“传话筒”。他们的一些观点在一定程度上反映了政府决策的导向，成为讨论美国政府决策或对策的“咨询机构”，常被邀请出席美国国会听证会的“陈述人”。[③] 因此，对美国智库建设的成功经验进行研究是十分必要的，尤其是对其跨类型智库协同的研究，为我们进行相关的理论研究与实践提供了一定的启示。

第一，我们应对美国智库的类型有一个较为明确的认识。对于美国智库的研究是问题导向的研究，但所研究的问题变化非常快，加之在这个过程中受学科和资金等因素的局限，致使对智库类型的划分造成一定的困难。就美国智库目前的发展情况来看，本章拟从其获得资助规模、基本功能、归属以及政治倾向对其进行类型的划分。

具体来说，一是按智库所获得资助规模的大小，可将美国智库分

---

① 参见唐庆鹏：《论现代智库的成长逻辑及其对我国的启示》，《社会主义研究》2015年第1期。

② Alan Jarman，and Alexander Kouzmin. Public Sector Think Tanks in Inter—Agency Policy—Making：Designing Enhanced Government Capacity，Canadian Public Administration，1994，499—529.

③ 参见沈进建：《美国智库的形成、运作和影响》，《中国社会科学评价》2016年第2期。

为大型综合智库、大型专业智库以及小型专业智库三类。① 其中，大型综合智库是指每年经费支出额度在1亿美元以上的智库，属于这种类型的智库有布鲁金斯学会、传统基金会、战略与国际研究中心、美国企业研究所、加图研究所。大型专业智库是指每年经费支出在千万美元以上的智库，这类智库更倾向于研究公共政策中某一个重要的或专业的领域，属于这种类型的智库有城市研究所、阿斯彭研究所等。小型专业智库是指每年经费支出在百万美元以上的智库，属于这种类型的智库有美国政策研究会等。

二是按照不同智库的基本功能，美国智库大致可以分为交叉研究型智库、政策研究型智库、思想鼓动型智库、课题研究型智库、问题对策型智库以及会议约谈型智库六种类型。② 其中，交叉研究型智库是指主要从事多领域的跨学科或多学科的政策研究的智库，研究的领域多涉及政治、军事、经济、外交等宏观、长期战略性问题的研究，比如美国企业研究所、布鲁金斯学会、传统基金会等。政策研究型智库是指主要对某一个专业领域的政策问题进行深入的专业研究的智库，这类智库有财税经济研究所、世界资源研究会等。思想鼓动型智库是指侧重思想和理论政策的研究，对政府的决策提供思想或宣传思想和理论研究的成果，引导公众舆论和影响政府决策的智库，比如加图研究所、政策研究所。课题研究型智库是指主要承担美国国家重大研究课题、政府急需的交办研究课题，课题经费主要由政府拨款资助的智库，这类智库有城市研究所、兰德公司等。问题对策型智库是指为政府做政策分析和政策研究，不做与政策无关的学术研究，主要任务是向政府推销对策建议、决策参考的智库，比如美国企业研究所、遗产基金会等。会议约谈型智库是指成立的目的主要不是进行研究，而是为研究讨论提供会场，召集大型研讨会的智库，最典型的是阿斯彭研究所。

---

① 参见沈进建：《美国智库的形成、运作和影响》，《中国社会科学评价》2016年第2期。

② 参见沈进建：《美国智库的形成、运作和影响》，《中国社会科学评价》2016年第2期。

三是按照智库归属，可以分为政府智库和民间智库两大类，其中政府智库又可以分为研究室、专业咨询委员会、总统智库以及专家和专门工作小组，民间智库可以分为党派智库、大学智库、社会智库以及个体智库。① 政府智库是指由美国政府设置的智库，由总统提议，国会批准成立的、服务美国政府的智库。这类智库由政府批准并资助，在政府机构或国会内部设立的研究服务中心和提供决策咨询的各类专业委员会，由政府出资批准或经国会批准成立，属于政府行政的科研辅助部门。政府智库的资金保障稳定，专业和任务性强，执行专项交办任务，直接为政府制定预案。这类智库包括研究室（美国政府部门内部设立的研究室，如国务院政策规划室）、专业咨询委员会（由议会设立的各种专业委员会，如国家安全委员会）、总统智库（以某位美国总统命名或为纪念某位总统而成立的智库，由议会批准成立，如威尔逊国际学者中心）、专家和专门工作小组（政府为应对问题，经常组织专家小组和专门工作小组，由政府交办任务，小组执行，其目的是推进预订的政策目标，执行特殊使命，如曾在纽约设立伊朗项目组）。民间智库主要指靠社会筹资成立的智库（个体智库是由个人出资筹办的智库），其特征是有资金的多种来源渠道，从事研究的时间较长，每年都能够为政府提供对策建议和政策咨询。这类智库包括党派智库（由党派资助，为党派服务的智库，如民主党领袖委员会）、大学智库（总部设在大学，依托大学教授和学生进行研究的智库，如哈佛燕京学社）、社会智库（由企业或财团提供资金，以基金会提供资助为主要吸资方式运作的智库，如卡内基国际和平基金会）、个体智库（由个人出资承办，不依赖政府、财团，自筹资金的智库，如彼得森国际经济研究所）。

四是按照智库的政治倾向，可以分为保守派智库、激进派智库和中间派智库三类。（林洁，2011）其中保守派智库包括传统保守主义智

① 参见沈进建：《美国智库的形成、运作和影响》，《中国社会科学评价》2016 年第 2 期。

库、自由/保守智库和中—右智库。① 这类智库强调自由市场机制和有限政府，反对民权立法；削减政府开支，主张个人自由、宗教情感和传统家庭价值；在对外政策上强调单边主义、新现实主义和实用主义，对外推行强硬政策，主张军备优势，鼓吹部署导弹防御体系等，属于这类智库的有传统基金会、美国企业研究所等。激进派智库包括自由派智库和改革派智库。在对内政治主张上倾向于坚持法制和开放，认为政府及官员应该有高度的责任心，认为应发展繁荣、公平、持续的经济，并且重视发展环境的持续改善。在国际事务中，激进派智库强调国际交流与合作，对外政策信奉理想主义和国际主义，支持温和、宽容的外交政策，主张裁军和军备控制，重视国际合作机制建设等，如卡内基国际和平基金会等。中间派智库介于自由与保守之间，或者是两者的综合，强调政策研究的中立性和非党派性。对内，中间派智库强调社会福利，提倡政府干预经济社会事务，强调增加政府的功能，主张进步性社会主义，保护环境等。对外，除强调国际谈判与合作外，也强调有限的国际干预，认为大国在国际政治经济生活中应该发挥更大的作用，发达国家应该通过官方援助支持发展中国家的发展，同时承担引导国际合作，共建国际秩序的责任，属于这类智库的有布鲁金斯学会、外交关系委员会等。

综合来看，美国智库类型可以依据不同的标准进行划分，但在跨类型智库协同方面，美国“智库方队”建设是按照政府智库、民间智库和企业智库、高校智库三个层级进行的，这也是其更具借鉴意义之所在。

第二，美国“智库方队”的发展历程。如果以 1908 年政府研究所（布鲁金斯学会前身）的创立为起点，美国智库已经走过了 100 多年的发展历程。美国智库经过 100 多年的发展，至今已经形成了一个由规模不等、专业不同、价值取向各异、来自不同类型的智库组成的智库

---

① 参见李艳、王凤鸣、王军：《美国保守主义思想库的演变以及主导美国政治的原因》，《当代世界与社会主义》2007 年第 4 期。

方阵，参与决策的咨询，在美国决策制度中扮演重要角色。[①] 对于美国智库发展阶段的划分，有史密斯“三段分”和麦甘、阿伯尔森的“四段分”的提法，这两个提法的分歧在于是否将 20 世纪 70 年代分为两个阶段，但从“智库方队”建设的角度来看，都未体现出“方队”从无到有的发展历程。因此，本章从“智库方队”建设的角度出发，将其发展历程分为以下四个阶段：初创阶段、起步阶段、初步形成阶段和快速发展阶段。其中，初创阶段是从 1908—1931 年，在这个阶段，以政府研究所的创立为起点，美国智库开始出现，同时期的如卡内基国际和平基金会、外交关系委员会等智库相继建立。这些智库由专业外交官员、研究人员组成，有社会资助，以研究美国对外关系为主。起步阶段是 1931—1951 年，在这个阶段，美国智库的数量有所增加，诸如美国企业研究所、兰德公司、哈德逊研究所等智库是在这一时期成立的。这一时期建立的智库不仅注重研究国内问题，而且对于国防和国际战略问题也有所重视。初步形成阶段是 1951—1991 年，这个阶段是美国智库发展最快的阶段，学者、退位的政府高官纷纷加入，不仅形成了美国智库发展的鼎盛时期，而且形成了以民间智库为主体的民间决策咨询群体。随着美国 501（C）（3）条款出台后，美国智库被纳入到法律框架下，规范了其运作，推动了智库的发展，尤其是刺激了民间智库的大发展，逐渐形成了政府智库、民间智库和企业智库、高校智库三个方队。知名智库如哈德森研究所、战略与研究国际中心、政策研究所、城市研究所、伍德罗·威尔逊国际学者研究中心、传统基金会等智库就是在这个阶段建立的。快速发展阶段是从 1991 年至今，在这个阶段，随着世界进入全球化时代，美国成为世界上唯一的超级大国，智库数量增加到 1800 多家，并出现逐渐向华盛顿集结的趋势，形成了以华盛顿为中心的美国“智库方队”，这也是美国智库发展变化中最为突出的特点。[②] 如美国利益中心、新美国基金会、美国进步中心是

① 参见沈进建：《美国智库的形成、运作和影响》，《中国社会科学评价》2016 年第 2 期。

② 参见沈进建：《美国智库的形成、运作和影响》，《中国社会科学评价》2016 年第 2 期。

在这个阶段成立，并在各自的研究领域具有一定的影响力。

第三，美国智库的跨类型协同——“智库方队”建设。美国智库的跨类型协同是通过“智库方队”建设进行的。如前文所述，美国的“智库方队”形成于20世纪50年代以后，共包括政府智库、民间智库和企业智库、高校智库三个方队。其中，第一方队是政府智库，第二方队是民间智库和企业智库，第三方队是高校智库，层次较为明晰，方队间既有分工又有合作，运行效率较高。一方面，三个方队的大致分工为：第一方队是美国政府决策咨询制度中的重要组成部分，是三个方队中功能最强的一支。这支方队经常直接参与决策，辅助政府进行决策，在决策过程中还承担着信息收集、证据提供、预案起草等重要工作，是政府的内务辅助研究机构。第二方队则是美国智库方队中数量最多、能量最大、也是最活跃的一支。这支方队负责发现、研究和反映各方利益集团的诉求，以问题为导向，独立地为解决问题提供对策建议。我们可以看到，这支方队在美国决策咨询制度中发挥着积极的作用，并且与外国交流频发，甚至驻外办公。第三方队在研究上倾向于学术性的长期研究，在美国决策咨询制度中为决策提供理论支撑。这样层次鲜明的分工既避免了重复工作导致的效率低下，同时又能使每个方队各司其职，在各自的职能范围能发挥最大的功效。另一方面，在合作方面，三个方队共同帮助政府发现问题、解决问题，进行问题的讨论和研究：在美国的“智库方队”中，由于政府智库、民间智库和企业智库、高校智库所处层次不同、规模大小不等、所接触的群体不同、发现的问题不同，且代表不同利益集团的诉求，所以可以从不同的角度去反映不同的问题，发出不同的声音，提出不同的对策建议，这样有助于政府全面、综合且及时地发现问题，从不同角度了解国政民情。在这三个方队中有着各个领域的专业智库、有跨学科研究的综合智库，也有专业学科的研究智库，研究的领域涉及各个方面。在帮助政府解决问题时，三个方队共同发现、跟踪、研究问题，为政府提供不同角度的解决方案，同时也会承担政府交办的各种课题，一起为政府做决策分析和政策研究。在从事研究时不同类型的智库经常会相互交叉，在同一个研究领域可能会有多种类型的智库参与其中，因而同一个问题的研究会得出多种不同的解决方案。不同类型智库间经常共同探讨甚至争论，表达不同观点，并且利用各种媒体发声，吸引公众参与讨论。另外，这三个方队还经常进行职能的互换，界限变得越来越模糊，甚至某一类型的智库的研究员会承担其他类型智库的研究项目。由此看来，不同类型间智库的合作不仅有利于政府较为全面、准确地发现问题、解决问题，而且有利于对一些问题的深入研究探讨。

（二）我国如何进行跨类型智库协同

美国“智库方队”的建设对我国进行跨类型智库协同有着一定的借鉴意义，这种方阵式的决策咨询体制不仅重视各类型智库的分工，切实发挥各自在擅长领域内的作用，而且有效地促进了跨类型智库协同，使得决策咨询工作高效有序的开展。

进一步深入研究美国“智库方队”建设发展历程，我们可以发现以美国为典型的现代智库成长背后所蕴含的“知识——权力”逻辑与“知识——市场”逻辑。一方面，现代智库成长的“知识——权力”逻辑过程是指在权力体制的多元分散性和权力运行机制的开放性条件下，政治知识化过程与政治系统内部智力资源不足的矛盾催生和催长了现代智库。这一背景下，现代智库在逻辑上被要求成为桥接权力与知识的中介者，同时还应是超越党派政治、中立的非政府组织。另一方面，“知识——市场”逻辑过程是指现代智库发轫于思想市场中的咨询业，是政策知识的专业生产者与组织者。具有知识密集优势的智库的存在，适应了政策思想产品的市场需求。在自由开放、多元竞争的思想市场机制作用下，现代智库实现资源的优化配置，进而走向兴旺。但是，这种现代智库成长逻辑也存在一定的缺陷和异化的风险。智库的异化必然导致研究信度的降低，最终削弱公共决策的科学化民主化。① 这

① 参见唐庆鹏：《论现代智库的成长逻辑及其对我国的启示》，《社会主义研究》2015 年第 1 期。

种异化的风险具有两种表现形式，一是权力逻辑异化的风险；二是市场逻辑异化的风险。权力逻辑异化的风险一方面体现在智库沦为权力的附庸和工具。美国智库经常以“超越党派政治的独立性”著称，但现实情况却是拥有政治权力的政治精英对智库进行控制和利用时常发生。由此，知识成为权力的附庸，智库及其研究人员的主体性和自由丧失。实际上，20 世纪 70 年代以来，美国的一些智库的这种转变就已经非常明显了，“这一时期可以看作是智库发展上的一个转折点，智库不再坚守传统智库研究的客观性和中立性”。[①] 另一方面，权力逻辑异化的风险还体现在智库的“话语独白”和“专家霸权”。专业的智库通常会优先生产或获取知识并形成话语优势，但一旦这种话语优势过大，进而会出现智库的“话语独白”和“专家霸权”。早在 20 世纪六七十年代，随着政策科学的兴起，专家的地位及作用迅速得以提升，“政策问题建构权逐渐转移到技术专家手中，在政策问题建构方面，政治部门和行政部门都沦为技术专家的玩偶，从而进入‘专家治国’的阶段。”[②] 智库市场不同于一般的产品市场，智库是非营利性的，其目的是影响最大化而不是利润最大化。因此，市场逻辑异化的风险一方面体现在智库违背其非营利属性，成为具有功利化的经济工具。智库是由众多不同领域的专家组成的，从现实角度来看，这些专家本能上也具有“经纪人”的动机。在美国，不少智库成员或明或暗地为富人、企业、财团提供政策游说服务，并从中获利。“我们发现，至少有 49 名来自美国最具影响力的 25 家智库中的 20 家的高级职员、董事或受托人，同时在外部实体身兼说客”。[③] 另一方面，如科斯所言，“思想市场就和商品市场一样，在现实中可能遭遇市场失灵”。智库市场失灵是指其市场也具有内在局限性，导致出现资源配置低效甚至无效的情况。这具体体现在

---

① Rich，Andrew：Think Tanks，Public Policy and the Politics of Expertise，Cambridge University Press，2004，214—215.

② Kubilay Yado Arin：Think Tanks：The Brain Trusts of US Foreign Policy，Springer VS，2014，11.

③ 钱再见：《现代公共政策学》，南京师范大学出版社 2007 年版，第 266 页。

资金来源上的动力不足、智库研究短视以及智库影响的外部性侵损。

在剖析了我国各类型智库存在的问题，明确了进行跨类型智库协同的必要性，了解了美国“智库方队”建设经验以及理顺了现代智库成长逻辑之后，我们可以从以下几个方面探讨如何进行跨类型智库协同创新。

第一，明确不同类型智库的地位和功能，切实提高各类型智库自身能力与影响力是进行跨类型智库协同创新的必要前提。“智库既要做战略研究，也要重视战术研究；既要做理论方面的积累，也要注重出对策。根据这一点，我们可以对25家首批高端智库进行分工和分类，而不是盲目地递交成果、提交报告。实际上有些智库不具备一些外围条件和内部积累，很难发挥智库应有的作用。有些智库，如高校智库、社科院等理论积累非常丰富，学术梯队也很有实力，完全可以在出思想、出战略方面发挥很大作用。各类智库应该明确自身优势，围绕自己的优势来探索自己未来的贡献所在。”① 从各类型智库的定位和功能来看，要坚持服务理念，明确智库定位，实现服务政府、服务社会和服务人民的统一。高水平的智库建设要在政府、社会和人民之间找到一个最佳平衡点，实现在为政府建言献策的同时，能够引领社会舆论与思潮，并服务于人民的切身需要。② 一方面，各类型智库的定位首先要承认现代智库的基本特征，从“知识——权力”逻辑与“知识——市场”逻辑的角度出发，做好桥接知识与权力的中介者、具有市场比较优势的知识生产者和组织者。另一方面，还应立足中国实际，结合国家改革与发展的战略布局，这也是我国智库有别于其他国家智库的特色之处。我国智库还应是实现公益的服务者、分享治权的行动者、促进共识的协调者和公共政策的宣传者。③ 具体来说，政府智库

① 高国力：《加强不同类型智库间的优势互补和分工协作》，中国社会科学网 http://www.cssn.cn/xspj/201609/t20160928_3218932.shtml.

② 参见荣婷婷：《建设中国特色新型智库的五点思考》，《全球化》2014年第4期。

③ 参见唐庆鹏：《论现代智库的成长逻辑及其对我国的启示》，《社会主义研究》2015年第1期。

应致力于做领导人的得力参谋，努力搭建政府与社会的桥梁，研究社会关注的重大问题和热点问题；高校智库应致力于发挥自身优势，重视数据库建设等基础性和长期性问题等研究；民间智库应致力于扩大广大人民群众政治参与的渠道，实现民主协商的多样化；企业智库应致力于扎实做好所属企业的“军师”，促进我国经济发展。

如果说明确智库的地位和功能是我国智库的立足之基，那么持续提高智库自身能力与影响力则是我国智库的发展之本。打铁还需自身硬，从提高智库自身能力与影响力来看，各类型智库的发展不可失掉其独立性，必须以社会公平正义为原则，其成员都应保持独立的分析思维和公正的价值理念，承担起社会责任。各类型智库要努力拓宽成果转化途径，这是影响智库影响力发挥的一个重要原因，因此应大力完善科研成果的转化机制，拓展科研成果的转化渠道，进一步提升科研成果的转化效率。同时，还应创新成果的推销和舆论传播机制，在智库逐步走向市场化的进程中，其产品要想不被埋没，且对公共事务产生影响，就必须有全方位的舆论传播机制。以更加开放、更富效率的新思维，全面提升各类型智库服务国家治理专业化水平，切实提高综合研判与战略谋划的能力，提升数据信息监测、采集和分析的能力，提高应用对策研究的快速反应能力，提高服务咨询决策的表达能力。具体来说，政府智库方面，应完善智库管理体制，创新管理机制：在考核机制方面，可以将工作绩效、研究成果纳入到考核标准中，坚持多劳多得、奖优奖勤的原则，使政府智库通过竞争保持活力；建立多方位的成果推销机制，提高成果的传播效率；与时俱进地推动人才交流机制，尝试引入“旋转门”机制，提升国际话语权，加强同国际知名智库的合作与交流。增强政府智库研究的独立性，减少其对于政府部门的行政依赖，政府智库在提供决策咨询时能找准问题，实事求是地表达观点，提出更具参考价值的意见和主张，不完全依赖政府部门所提供的信息和数据。高校智库方面，应该整合高校智力资源，提升高校智库的运行效率和功能。社会问题往往是跨学科的，对一个社会问题的研究会涉及多个研究领域，通过高校智库的学科建设和队伍建设，按照学术能力和学术发展方向对不同专业背景的高校智库研究团队进行设置，利用高校多学科的资源优势进行跨学科项目研究，提升高校智库的专业影响力；另外高校智库可以尝试实现智力资源的基地化，这就要求高校智库应该积极开展合作，使不同高校间的研究关系变为机构间的合作关系，便于高校智库智力资源的基地化。同时高校智库应当努力搭建学术交流平台。高校智库必须根据公共需求的变化调整研究领域和研究方向，搭建学术交流平台有利于扩大高校智库建设体系，使高校智库的研究更具备现实性。高校智库所建设的学术平台要尽量趋于网格化，除了传统的期刊、书籍等出版形式外，还应利用网络、电视、报纸、广播等传播工具搭建高校智库与外界交流的平台，增加高校智库研究成果的社会认同度。（吴宗哲，2015）高校智库应深化交流模式，通过举办研讨会、成果交流会、政策发布会等方式加深高校智库同政府、企事业单位的合作关系，使高校智库参与公共政策制定的智库产品更具科学性。民间智库方面，应该认识到自身的问题，努力开展行业交流活动，吸纳同类知名智库的建设和改革经验；主动获得政策研究所需的信息资源，避免信息的不对称；吸引更多优秀的人才投入到政策研究咨询工作中；引入产业集群（产业集群是指由具有竞争与合作关系的机构组成的相互联结的共生体，它们构成这一区域特色的竞争优势，进而提升该区域的产业规模和经济效益，提升市场竞争力①）的理念，通过彼此的相互联系，无形中会在该产业区域的发展中接受来自合作智库隐性的竞争威胁，不断地寻求新的发展路径来满足自身发展；通过市场化的手段来实现智库研究经费渠道的多元化，改变传统的只接受政府财政资助的单一渠道，通过吸引企业、基金会和个人捐赠方式，拓宽资金来源渠道，可以借鉴像兰德公司等国际知名智库的经营经验，采用非营利法人的运作模式。企业智库方面，应抓住中国特色新型智库建设这个历史机遇，破解“智库孤岛”，由各自为营变为内外协同发展，由市场需求驱动变为市场和政府

① 参见李凌等：《智库产业——演化机理与发展趋势》，三联书店 2012 年版，第 221 页。

共同驱动，由单个“智库成果环”变为完整的“智库成果链”的转变[①]；企业智库要在注重自身特色的同时错位竞争，对于同一研究内容，不同的企业智库依据自身特色选择不同的角度进行错位研究，同时企业智库要发展自身特色智库产品，集中发力。这样，企业智库间的竞争可以帮助政府、企业综合智库成果，形成更加科学的政策方案，激励企业智库的发展和行业联盟的形成；另外，企业智库要发挥体制优势，要有国际视野、大局意识，提升研究质量，加大社会科学研究方法的应用。在做好阐释性成果的同时，提升其智库产品对政府和企业的参考价值，企业智库要主动成为政府的政策顾问[②]。企业智库应凭借资金、技术优势，融入科研机构、高校的学术研究，借助其人才优势和研究理念、方法，树立品牌，扩大国际影响力，实现民族担当。

第二，建立完善不同类型智库的评价体系是进行跨类型智库协同创新的必要条件。成果评价体系是智库科研成果管理的重要内容。我国智库现行的成果评价主要采取以同行专家评议为代表的定性分析和以成果量化评价为代表的定量分析，这两种评价方法各有其优势与不足。通过对智库的成果评价进行制度创新，发挥不同评价机制之间的优势，坚持定性评价与定量评价相结合，建立全面、客观、公正的科学评价体系。[③] 无论是在成果认定、成果评价还是在成果考核上，应创新理念，将决策咨询类成果全面纳入科研成果考核范围，激励决策咨询类成果，引入量化打分的考核方式，构建精确的、复合式的数量考核方式。另外，需要建立对智库成果进行独立性、权威性的社会化评估与认证制度，比如说可以成立“智库成果评估与认证中心”，对决策咨询实施社会监督，既有利于确保专家咨询的质量，也有利于在智库之间形成健康的竞争机制和公平的竞争环境。在实施过程中可以和

① 参见丁炫凯、徐致远：《我国互联网企业智库成果量化分析——以百度、阿里巴巴、腾讯（BAT）为例》，《图书馆论坛》2016 年第 5 期。

② 参见王莉丽：《旋转门——美国思想库研究》，国家行政学院出版社 2010 年版，第 97 页。

③ 参见陈双梅：《智库建设的困境摆脱与国家软实力提升》，《重庆社会科学》2012 年第 5 期。

新闻媒介、网络等现代传媒工具结合起来，使评估信息及时地公开化、透明化，从而对智库的职业能力、社会责任及道德操守等形成了一种强大的公共监督机制。① “成果评价机制的创新既促进了智库机构的健康发展，也为智库在提升国家软实力方面创造了有利平台。当前正值智库热之际，上海社科院已经多次召开智库评价打分会议，美国宾夕法尼亚大学的麦甘也发布了全球智库评价报告，与之相比，中国社会科学院在这方面应该更权威、更全面，更具有中立性。”但我们也应该看到，目前我国智库类型多样化，且许多成果都是涉密的，很难进行量化，这使得差异化的智库评价体系不能在短时期内完善，但应当明确大的主导原则、方向和目标，努力构建能被大多数智库认可或者作为重要参考的评价指标体系。“既要有体现智库间共性的指标，如人才培养，成果数量、经费资助等，但更多地要分类建立一些差异化指标，如对部委类智库应该强调决策影响力的评价，对高校、社科院等智库应该强调学术影响力的评价，对中国现代国际关系研究院而言，应该强调国际影响力的评价。”② 针对不同类型的智库，指标上应当有权重上的差异和倾斜，这样才能对不同类型智库的情况有所兼顾。通过评价体系的构建，促进不同类型智库间的良性竞争，调动各类智库的积极性，发挥各自的优势，共同推动中国特色新型智库的建设。

第三，营造良好的发展环境是进行跨类型智库协同创新的重要保障。智库作为社会分子单元和国家权力结构的组成部分，应具有较为适宜的生存土壤和发展环境，不断为其输送空气、水分和养料。（王厚全，2016）良好的发展环境是促进跨类型协同创新的土壤，这需要政府和社会的共同努力。

从政府方面来看，要转变理念，提高对智库的认识，充分、深刻了解智库建设的重要性，把为跨类型智库协同创新营造良好的发展环

---

① 参见李占峰、金家厚、鲍宗豪：《中国智库发展亟需理念和制度创新》，《开放导报》2011 年第 6 期。

② 高国力：《加强不同类型智库间的优势互补和分工协作》，中国社会科学网 http://www.cssn.cn/xspj/201609/t20160928_3218932.shtml.

境落实到方方面面：

一是推进完善决策咨询制度，创新智库管理体制。各级政府应积极推进和完善决策咨询制度，以信息公开为突破口，实现政府决策的透明化、科学化、民主化，为智库的生存发展提供更为广泛的社会市场空间，努力打通我国智库智慧、思想和信息纵横向联系沟通的渠道，构建交流和共享的网络平台。① 应当以政府为主导、智库为主体，积极推进智库管理体制创新。以市场需求为基本导向，以差别化方式推进智库隶属关系和运作方式改革，既满足政府决策咨询的基本需要，又符合社会需求多元化的现实。政府可以出台相关政策规定公共部门在决策之前，事先需要政策咨询机构的论证评估、权衡利弊、验证可行性；在决策过程中，要充分考虑智库提供的各个方案，择取最优方案；在决策执行后，更要进一步联系智库专家进行评估、调整。（吕东，2013）这种通过决策的科学化和民主化的制度建设和完善来保证中国智库能充分地在公共部门的决策中充当重要角色，从而使智库的工作成为政府决策过程中的一个常态，从制度上保证政府决策工作的科学性和民主性。另外，由于不同类型智库的优势有很大差别，高校智库有数量较大的导师、学生梯队，而部委智库则能依托地方调研的优势在人员、调研合作、探讨交流合作上大有作为。下一步，智库应该着力于优势互补，并且形成适度的、有序的竞争。通过竞争，能让智库成果更加符合中央和国家的决策需求。② 政府的角色主要是搭建决策咨询的公共竞争平台，并制定公平竞争的游戏规则。③ 对智库的采纳标准，主要看其是否提供了更科学、有效、可行的政策依据和政策方案，是否能对政府和社会带来更大的帮助。

二是建立多元化的研究资助机制。在这方面我国的政府智库和高

---

① 参见王辉耀、苗绿：《大国智库》，人民出版社 2014 年版，第 297、298 页。

② 参见高国力：《加强不同类型智库间的优势互补和分工协作》，中国社会科学网 http://www.cssn.cn/xspj/201609/t20160928_3218932.shtml.

③ 参见李占峰、金家厚、鲍宗豪：《中国智库发展亟需理念和制度创新》，《开放导报》2011 年第 6 期。

校智库所获资助的机制较为成熟，而民间智库在这方面较为欠缺。很多智库就是因为资金问题导致经营不善、人才流失等困境。所以政府应建立多元化的研究资助机制，或者是直接资助，或者是对某项研究或政策咨询的补贴、奖励，可以是提供税收减免政策等，也可以是为智库对社会资金的获取提供必要的政策支持与引导。另外，政府还要加强对经费的管理，以提高经费使用的有效性。

三是放松准入限制，完善法律制度，培育、规制智库思想市场。目前，我国智库普遍采取登记管理制度，严苛的登记注册已严重限制我国智库的发展，导致官办智库与民间智库比例悬殊、市场主体结构单一等诸多问题。① 因此，根据我国各种类型智库发展的实际，借鉴外国智库建设的经验，应当简化智库登记注册手续、降低门槛，让更多的社会主体参与进来，丰富我国智库思想市场。面对市场失灵的风险，确保智库思想市场健康有序的发展，应当完善智库相关法律法规，将智库纳入国家法律的制度体系并对其行为进行有效的规范管理。另外，针对各类型智库成员“经济人”动机的本能，还应建立咨询论证责任机制，从而避免和减少不同类型智库咨询的功利化和随意性。

四是搭建平台，促进不同类型智库交流与合作。政府可以为不同类型智库与公共部门之间构建交流平台，并使之固定化。政府可以定期举办研讨会、座谈会、论坛等，面对重大决策问题，可以组织不同类型智库开展专题研讨，政府主动向他们进行咨询。这样政府与智库之间、不同类型智库之间的这种交流应当成为决策的例行程序。这样一来，通过多渠道的沟通来保证智库与决策部门的交流、不同类型智库的交流，不仅推动了不同类型智库在公共政策过程中的参与度，密切了跨类型智库协同，而且也使得智库为决策部门提供更为强有力的智力支持。

五是促进权力体制机制的公开、透明，为智库研究创设政治条件、

① 参见唐庆鹏：《论现代智库的成长逻辑及其对我国的启示》，《社会主义研究》2015 年第 1 期。

营造较为宽松的政治氛围。一方面，权力的开放性、信息的公开、透明是不同类型智库开展政策研究与决策咨询的前提。因此，促进权力体制机制的公开化、透明化，为智库研究创设条件最重要的是完善并有效贯彻政府信息公开制度。智库从事政策分析活动所需的信息，首先要尽可能全面，其次是要尽可能准确可靠。① 另一方面，政府应在维护国家安全和社会稳定的前提下，积极营造较为宽松的政治氛围和舆论传播空间，为不同类型智库的研究人员提供更多的机会与渠道来表达观点、主张，同时允许他们在正确的学术思想理念指导下发出独立于政府和社会的学术声音。

从社会方面来看，由于社会既是智库的主要服务对象，又是智库发展的重要动力因素（社会需求是智库发展的决定性因素），重视社会层面的需要与智库业务研究的对接是推动当前中国特色新型智库协调发展的关键。（王厚全，2016）社会公众利用智库表达自己的利益要求，就需要更加注重对智库的关注，从而促进智库的发展，智库反过来又为社会公众提供更加高水平的决策咨询，从而达到智库与社会公众的双赢，进一步为跨类型智库协同创新营造良好的发展环境。一方面，社会公众需要认识、参与智库建设，拓宽公共空间。哈贝马斯认为公共空间指“政治权力之外，作为民主政治基本条件的公民自由讨论公共事务、参与政治的活动空间”。② 在中国公共事务长期被权力机关垄断，社会舆论很难在其夹缝中生存和发展，社会的民主意识淡薄。而智库组织，特别是民间智库、高校智库的发展，需要社会公众的参与和支持。智库作为协调公共关系、处理公共事务、研究公共政策和影响政府决策的重要辅助机构，社会公众需要对各种类型的智库有一个较为理性、深入的认识，而且应广泛参与和协助智库开展工作的各个环节。这样不仅使得公众对社会问题的本质有了更深层次的了解，增进了自己的知识思想储备，对问题的认识和参与更为理想化，不再

① 参见〔美〕罗纳德·科斯：《商品市场和思想市场》，《美国经济评论》1974年第64期。

② 〔德〕哈贝马斯著，曹卫东等译：《公共领域的结构转型》，上海学林出版社1999年版，第60页。

是简单的看热闹、发牢骚和民族主义情绪发泄等层面上①，同时也激发了公众参与公共管理的热情，提高社会管理的民主化、科学化和透明化。当然，借鉴美国民众的做法，我国社会公众也可以通过捐赠的形式支持国内智库的发展。另一方面，社会公众需要对智库产品作出反馈。社会公众不仅是智库的研究服务对象，而且同时也是其制定政策的直接受益者。由于政策效果直接影响公众的工作生活，社会公众有必要对不同类型智库工作进行评价。这既是衡量智库工作成效和社会影响力的重要标准，又在一定程度上成为选择智库服务的重要条件。通过公众的评价，政策的不足之处得到改进，智库自身建设也得到进一步完善。

（三）目前我国跨类型智库协同的主要形式

在研讨了如何进行跨类型智库协同创新之后，我们回过头来看目前国内正在进行的跨类型智库协同，就典型的跨类型智库协同的例子，并结合前文的研讨成果进行考察分析，可以更加全面、深刻地理解跨类型智库协同创新理念。

目前我国跨类型智库协同主要有两种形式，一种是两种类型智库的协同，这是指政府智库、高校智库、民间智库与企业智库中的两种类型的智库以研究项目为纽带、以决策服务为导向的互动协同。另一种是两种以上类型智库的协同，这是指两种以上类型智库为了国家某较大项目集结在一起，为决策提供咨询服务的跨类型智库合作联盟性质的协同。这两类协同形式均包括与国外相同或相异类型智库的协同。第一种形式最典型的是中国南海研究协同创新中心，第二种最典型的是“一带一路”智库合作联盟。

中国南海研究协同创新中心是较为典型的高校智库与政府智库的跨类型智库协同，是由南京大学联合中国南海研究院、中国人民大学、四川大学、中国社会科学院、中国科学院等单位共同组建。其建设的总体思路是：“中国南海研究协同创新中心以国家重大战略需求为导

① 参见王莉丽：《旋转门——美国思想库研究》，国家行政学院出版社 2010 年版，第 192 页。

向，以多学科协同创新中心为主体，以‘文理—军地—校所—校校协同’为路径，以体制机制改革为保障，依托南京大学的优势学科，协同中国南海研究院、教育部与军队相关重点院校、中国科学院与中国社会科学院相关研究单位等研究力量组建而成。中心围绕基础研究、动态监测、战略决策三大方向，构建了‘南海史地与文化’、‘南海资源环境与海疆权益’、‘南海法律与国际关系’、‘南海航行自由与安全稳定’、‘南海周边国家政治经济社会’、‘南海舆情监测与国际交流对话’、‘南海遥感动态监测与情势推演’、‘南海问题政策与战略决策支持’8平台，全力打造集学术创新体、高端智库、人才培养基地、国际交流对话等功能与目标于一身的中国特色新型智库。”①

基于跨类型智库协同创新理念，经过不断的努力，中国南海研究协同创新中心建立起了较为成熟的运行机制，实现了跨类型智库协同创新：一是通过组织架构与运行管理机制建设保障跨类型智库协同。中心坚持“管办分离”，建立了独立完整的治理结构：中心实行理事会领导，发展咨询委员会与学术委员会指导，中心主任负责，管理委员会行政执行，平台长学术执行的管理架构。中心主任统筹中心的学科布局和协同创新工作，经费支出由管理委员会统筹管理，保证中心工作的顺利开展。中心各创新平台设平台长，负责协助中心主任制定创新任务、安排平台内研究工作、协调平台运行。每个平台下设若干研究团队，由研究团队负责人负责具体科学研究与人才培养。②

二是由学科协同带动跨类型智库协同。中心通过南海问题的研究，面向国家战略需求，通过资源整合与优化，促进面向国家战略需求的学科建设，促进边疆史地、海洋学、地理学、法学、军事学、信息科学等学科之间的相互渗透和协同；通过协同中心的信息共享，激发创新思维，促进面向交叉研究的学科建设；通过“文理协同、军地协同、

---

① 朱庆葆：《以协同创新推进中国特色新型智库建设——中国南海研究协同创新中心建设谈》，《中国高校科技》2014年第4期。

② 参见朱庆葆：《以协同创新推进中国特色新型智库建设——中国南海研究协同创新中心建设谈》，《中国高校科技》2014年第4期。

校所协同、校校协同”途径，促进新的交叉学科——南海学的生成与培育，带动了一系列新的学科增长点的培育：如海洋国情监测、南海周边关系研究、南海航行自由安全、海洋意识与海疆战略、传统与现代海疆观等。这样，中心就以学科协同带动中心内政府类型与高校智库的跨类型智库协同。

三是以队伍汇聚促进跨类型智库协同。中心按照构建现代学术组织的要求，健全聘用制度和岗位管理制度，对协同创新中心人员招录、聘用、管理和薪酬制度等方面进行全面改革；充分利用中心学科交叉与融合的优势，建设良好的科研条件和创新氛围，培养出一批具有深厚理论基础、开阔学术视野和对前沿科学问题有敏捷思考能力的拔尖创新人才，创建一支国际一流、优势显著的高水平、高素质南海问题研究人才队伍。另外，中心在人事聘用和考核评价体系建设上，通过制度创新，从多单位协同的现实出发，实施跨单位认可的制度设计，以激励不同学科、不同单位人员从事跨学科和跨单位的研究工作。实行多种科研评价方式，改变以学术论文和获奖数量为主的评价方式，确立以实际贡献为导向评价制度，鼓励进行政策研究，把撰写政策咨询报告作为成果考核的重要指标之一。值得注意的是，中国南海研究协同创新中心非常重视人才的培养。中心新增设南海研究相关硕士研究生招生方向 11 个、博士研究生招生方向 12 个，并完成 8 位兼职博导的聘任，初步建立了较为完备的南海复合型人才培养体系。除论文、著作、研究报告等传统成果形式外，中心极为重视舆论引导在南海维权中的重要作用。李国强在《人民日报》上发表《论〈马关条约〉与钓鱼岛问题》，论述钓鱼岛主权归属问题，提及“琉球再议”的命题；吴士存在《光明日报》上发表文章《磋商“南海行为准则”彰显中国大国责任》等，都是中心作为智库发声的重要体现。①

四是通过有组织的科研创新进行跨类型智库协同。中心通过多种

---

① 参见朱庆葆：《以协同创新推进中国特色新型智库建设——中国南海研究协同创新中心建设谈》，《中国高校科技》2014 年第 4 期。

形式的学术沙龙、学术研讨会和高端论坛，促进跨单位、跨学科、跨院系的交流与合作，形成目标导向的研究团队。在管理上，中心主任和平台长承担重要的协同科研组织工作，注重横向协调，打破职能部门和业务单元的组织边界，建立网络化的科研组织模式。中心采用矩阵研究机制，按研究领域纵向划分八大研究平台，横向方面则按照任务协同目标成立研究小组。针对不同的研究任务，从各平台中抽调研究团队或研究人员组成专项研究队伍，进行跨学科的协同研究。矩阵研究机制有利于整个智库的有效管理，同时又符合智库需要多学科专家共同协作的特点。

五是以资源整合与配置实现跨类型智库协同。中心依托优质学科资源和科研基地，推进多学科和机构之间的资源整合和共享共用。围绕中心建设形成多学科共享共用的建筑集群，构筑有利于多学科交流与合作的物理环境，拉近不同学科学者之间的物理距离，有效推动跨学科交流与合作。中心进一步统筹学校在物理空间、图书资料、仪器设备等学术资源，建立健全合理的多方结算制度，完善大型仪器设备共享制度，推进不同研究机构之间学术资源的共享共用。

六是通过创新文化建设推动跨类型智库协同。中心本着“海纳百川、和谐共生、合理竞争、宽容失败、崇尚使命、倡导奉献”等原则，以创新资源和要素的有效汇聚为保障，打破学科与单位壁垒；树立开放协同意识，努力构建尊重人才、鼓励创新、倡导贡献的学术文化氛围。通过上述协同创新机制体制改革，在运行中取得了一系列的成绩。

另外，中心还通过开放与合作加强跨类型智库协同建设。作为开放的实体机构，中心进一步与厦门大学、浙江大学、中国海洋大学、大连海事大学、中山大学等团队高校确立了协同合作关系，吸引高之国、傅崐成、邹克渊等十余位国际知名南海研究学者兼职加盟，壮大了研究队伍，并与台湾“中央研究院”、台湾政治大学等的南海研究团队建立了合作关系，达成两岸南海问题协同交流、学生互访、档案开放等意向。中心以服务国家南海战略为志业，与国家相关决策部门建立起通畅的沟通渠道，近期完成了国家海洋局等部门交办的多项任务和研究报告，并为相关政策部门提交多份信息专报和图集等资料信息。及时召开“南海问题司法化应对”内部咨询会、“南海：《联合国海洋法公约》与国家实践”国际学术研讨会等，应对南海问题司法化困局，为决策部门提供依据。①

中国南海问题研究协同创新中心积极探索中国特色新型智库建设，着力推动跨类型智库协同创新，不仅自身在这种协同中有所加强，而且影响力也得到了提升，不失为一个典型。对于更具影响力的跨类型智库合作联盟性质的协同——“一带一路”智库合作联盟，本文将在下一节重点进行研讨。

三、跨类型智库协同创新
——以“‘一带一路’智库合作联盟”为例

当今，决策议题的多元性、复杂性和综合性，客观上需要更加多元化的智库、社会主体参与观察、分析并提出各自独特且互补的观点。这些观点之间的互动、竞争与交流不是以体制类型、行政级别、规模大小乃至国界来区分的，而是以推动现实问题的研究与解决来进行整合的。因此，在不同的决策环境下，完全有必要形成不同类型的决策研究联盟，加强互动、合作与交流。②

（一）“一带一路”智库合作联盟成立的背景

当今世界，经济全球化、区域一体化深入发展，各国相互依存、相互联系更加紧密。在这样大的时代背景下，2013 年 9 月和 10 月，中国国家主席习近平出访中亚和东南亚国家期间，先后提出共同建设“丝绸之路经济带”和“建设 21 世纪海上丝绸之路”的重大倡议，为

---

① 参见朱庆葆：《以协同创新推进中国特色新型智库建设——中国南海研究协同创新中心建设谈》，《中国高校科技》2014 年第 4 期。

② 参见李占峰、金家厚、鲍宗豪：《中国智库发展亟需理念和制度创新》，《开放导报》2011 年第 6 期。

我们描绘出一幅连接欧亚、辐射40多个国家、覆盖30多亿人口，世界上最长、最具发展潜力的经济大走廊蓝图，得到国际社会高度关注和积极响应。[①] 2015年3月27日在海南博鳌亚洲论坛上，中国国家发展改革委、外交部和商务部联合发布了《推动共建丝绸之路经济带和21世纪海上丝绸之路的愿景与行动》（国家发展改革委等，2015）。这标志着对中国发展将产生历史性影响的"一带一路"倡议进入全面推进建设阶段。如果说改革开放前30多年中国以积极"引进来"的方式深入参与了经济全球化的进程，那么共建"一带一路"则标志着以中国"走出去"为鲜明特征的全球化新阶段的到来。[②] "一带一路"是中国为推动经济全球化深入发展而提出的国际区域经济合作新模式，不仅将对中国社会经济发展与全面对外开放产生深远的历史影响，而且也会对沿线国家的经济发展产生积极的带动作用，并对国际经济格局变化产生推动作用。加快"一带一路"建设，有利于促进沿线各国经济繁荣与区域经济合作，加强不同文明交流互鉴，促进世界和平发展，为沿线各国共谋发展、共同繁荣提供了新的重大契机，是一项造福世界各国人民的伟大事业。

（二）"一带一路"智库合作联盟成立的意义

为"一带一路"建设提供科学支撑是当前和今后相当长一个时期的国家重大战略需求。[③] "一带一路"对中国及沿线国家的重要性不言而喻，越是重要，问题就越发明显。在此时，由中共中央对外联络部牵头，联合国务院发展研究中心、中国社会科学院、复旦大学等单位成立"一带一路"智库合作联盟非常及时，为整合研究资源、加强分工协调、形成智慧合力提供了有效的方式。2015年4月8日，"一带

① 参见王伟光：《加强智库合作　推进"一带一路"建设》，《内蒙古日报》（汉），2015年8月28日。

② 参见刘卫东：《"一带一路"战略的科学内涵与科学问题》，《地理科学进展》2015年第5期。

③ 参见刘卫东：《"一带一路"战略的科学内涵与科学问题》，《地理科学进展》2015年第5期。

一路”智库合作联盟在北京正式成立，并通过《“一带一路”智库合作联盟章程》，发表《“一带一路”智库合作联盟成立宣言》。“一带一路”智库合作联盟是为配合“一带一路”合作倡议，由当代世界研究中心联合国内外涉“一带一路”研究机构组建的非法人学术团体。智库联盟以“传承丝路精神，服务一带一路”为宗旨，围绕“一带一路”建设开展倡议解读、战略研判、政策分析、项目评估等工作，服务中国及沿线国家政府决策，推动各国间人文交流，为地区繁荣发展贡献智慧力量。①

作为咨政建言和人文交流的重要力量，智库不仅是本国政策与学术研究之间的桥梁、政府与公众之间的桥梁，也是各国之间深化交流合作、实现互利共赢的政策沟通的桥梁。充分发挥智库的专业研究能力及对政府和公众的影响力，对促进各国政策沟通、民心相通，为共建“一带一路”奠定坚实的民意基础，具有独特而重要的意义。② 首先，“一带一路”智库合作联盟有利于沿线国家分享发展经验。发展是主要任务，就目前情况来看，大部分“一带一路”沿线国家经济发展较为落后。通过智库间的合作，与各国分享发展经验，同时也可以向各国取经，共同实现可持续发展。“一带一路”智库合作联盟正是分享发展经验的有效途径。其次，“一带一路”智库合作联盟可以为切实推进“一带一路”建言献策，找到解决各种问题的方案，促进“一带一路”倡议构想实现。最后，“一带一路”智库合作联盟有利于营造“一带一路”合作的良好氛围，促进各方把握利益契合点，寻求合作最大公约数。深入洞悉沿线各国的关切诉求，准确把握各方利益契合点，是做好政策沟通协调的基础性工作。③ 由此看来，“一带一路”智库合作联盟在为更好地全方位推动“一带一路”建设和国家间友好关系发展提供智力支持方面具有重要的地位。

---

① 参见《“一带一路”智库合作联盟章程与宣言公布》，中国网 http://www.china.com.cn/opinion/think/2015—04/09/content_35274394.htm.

② 参见王伟光：《加强智库合作　推进“一带一路”建设》，《内蒙古日报》（汉）2015 年 8 月 28 日。

③ 参见程国强：《共建“一带一路”：内涵、意义与智库使命》，《中国发展观察》2015 年第 4 期。

(三)"一带一路"智库合作联盟建设推动跨类型智库协同创新

如同在其成立宣言中所说"作为咨政建言和人文交流的重要力量，智库可以在'一带一路'建设过程中发挥重要作用。为此，我们共同发起成立'一带一路'智库合作联盟，力求打造汇聚知识和智慧的平台，为'一带一路'建设建言献策，为人文交流疏经通络，为地区发展贡献力量。我们将秉持合作共赢理念，协力同心，群策群力，共同打造交流合作平台，努力实现资源共享、信息共享和成果共享。我们将秉持政策先导理念，紧贴'一带一路'建设进程，围绕政策性、前瞻性问题开展合作研究，为中国和沿线各国政府决策提供建议，推动政策沟通，增进国际互信。我们将以智库交往带动人文交流，消融沿线国家间的文化差异和心理隔膜，营造友好和谐的社会氛围，增进民心相通，筑牢社会基础。我们将秉持开放包容理念，充分发挥合作平台的辐射效应，对各国同行保持开放姿态，只要愿为'一带一路'建设提供智慧，只要愿为地区发展贡献力量，都可以成为我们的合作伙伴"①。"一带一路"智库合作联盟从成立之日起不断推进跨类型智库协同创新，但应当指出，合作联盟的运作还处于起步阶段，一些机制方面的构建还不够成熟。因此，本章仅从合作联盟目前为跨类型智库协同创新所作的几项工作进行研讨，今后还会持续关注其工作的推进。

第一，"一带一路"智库合作联盟章程的通过为进行跨类型智库协同创新奠定了制度基础。一是章程明确指出"一带一路"智库合作联盟的基本职能，为不同类型智库进行协同指明了方向，即"搭建平台、解读政策、咨政建言和推动交流"。具体来说，"搭建平台"是指"为国内外涉'一带一路'研究机构搭建信息共享、资源共享、成果共享的交流合作平台，优化合作方式，消除知识和信息垒壁，提高涉'一带一路'研究水平"。"解读政策"是指"在聚合国内外智库资源的基

① 《"一带一路"智库合作联盟章程与宣言公布》，中国网 http：//www.china.com.cn/opinion/think/2015－04/09/content _ 35274394.htm.

础上，在联合研究取得共识的前提下，共同围绕总体倡议和具体项目向沿线国家各阶层开展针对性的解读工作，为‘一带一路’建设营造良好的舆论氛围，打造坚实的社会民意基础。”“咨政建言”是指“围绕涉‘一带一路’问题，从宏观、中观、微观各个层面对‘一带一路’进行全方位、综合性研究，前瞻性地发现问题，为中国及沿线国家政府提供政策建议，推动智库研究与政府决策良性互动”。“推动交流”是指“以智库合作促进政策沟通，增强国家互信；以智库交往带动人文交流，增进民心相通”。这就为不同类型智库进行协同指明了方向。

二是章程明确了组织架构与各自职能，为不同类型智库进行协同提供了组织保障。智库联盟设立理事会和专家委员会。理事会负责对智库联盟发展方向等重大问题进行决策，设共同理事长、执行理事长、理事和秘书处。共同理事长负责召集和主持理事大会。执行理事长由共同发起单位推荐产生，负责指导和督办理事会决定的重大工作任务。理事由理事单位推荐并经理事大会讨论通过产生，负责落实智库联盟的各项具体任务。秘书处为理事会常设机构，设秘书长，秘书长由当代世界研究中心负责人担任，负责智库联盟的日常工作。专家委员会由智库联盟理事单位推荐专家组成，负责对智库联盟的研究方向、课题和项目评估等工作进行指导和评审。

三是章程明确了运行机制，为不同类型智库协同的有序进行提供了保证：根据工作需要，不定期举行共同理事长会议，就有关智库联盟发展的重大问题进行研究，提出指导性建议，供理事单位参考执行。理事大会每三年召开一次，其职权包括：制定和修改章程；总结理事大会休会期间的工作，并讨论未来工作安排；讨论决定其他重大事项。执行理事长召集相关理事不定期召开工作协调会议，就智库联盟重大工作事项进行沟通协调、督促落实。

除此之外，章程还对理事单位的加入与退出、理事单位的权利和义务等做出了明确规定，有效地保障了“一带一路”智库合作联盟内不同类型智库的协同。

第二，联盟内各类型智库的自身发展为更好地进行跨类型智库协同创新树立了榜样。加入联盟，不但意味着获得，更代表着付出。当代世界研究中心研究员林尚立强调："要让每个成员都变成系统中的'关键一点'。只有每个细胞都健康，整个机体才能强壮。"① 作为实力雄厚的政府智库，国务院发展研究中心参与了"一带一路"规划起草工作。2014 年 12 月，中心组织专家走进土耳其伊斯坦布尔，联合国际智库成功主办题为"共建'一带一路'：历史启示与时代机遇"的国际研讨会。来自 13 个"一带一路"相关国家、地区及国际组织的政府官员、智库专家等同堂磋商，达成多项共识。在会上，国务院发展研究中心主任李伟发出"共建'一带一路'智库网络"的倡议，得到与会代表热烈响应。复旦大学的"一带一路"研究已取得多方面成绩——打造了"一带一路"多学科政策及学术研究平台，开发了"丝绸之路地理信息系统"；"一带一路"路线考察、高端论坛、人才交流等也在筹划之中。更重要的是，作为"中国大学智库论坛"秘书处，复旦大学将努力把全国从事"一带一路"研究的高校智库统合起来，共同发挥作用。作为一家新生智库，北京外国语大学丝绸之路研究院也已逐渐步入为"一带一路"建设开展培训与咨询、为企业"走出去"提供智力服务的轨道。当代世界研究中心副主任胡昊表示，他们将以务实行动组织大家"抱团出海"，精诚合作，就像联盟成立宣言里所呼吁的那样，"为'一带一路'建设铺路搭桥，为增进地区国家人民福祉协力前行。"

第三，开放理念下智库合作网络与多元合作平台的建设为进行跨类型智库协同创新提供了必要条件。"一带一路"智库合作联盟成立之初，理事单位多达 55 家之多，囊括了大部分国内对"一带一路"有权威研究的智库。理事单位包含上海国际问题研究所、中央党校国际战略研究所、社科院各涉外研究所、中国现代国际关系研究院等具有深厚底蕴的权威智库，也有山东大学亚太研究所、云南大学国际关系研

① 王斯敏：《智库"抱团出海" 服务"一带一路"——"一带一路"智库合作联盟的成立与愿景》，《光明日报》2015 年 5 月 2 日。

究院、南开大学周恩来政府管理学院等地方高校智库，同时还有中国人民大学重阳金融研究院、察哈尔学会、零点研究咨询集团等新型智库代表，号召力不可谓不强。2016 年 2 月 23 日，“一带一路”国际智库合作联盟研讨会在深圳举行，来自“一带一路”沿线 50 个国家的 7 位前政要、120 多位智库代表和专家学者参加了本次研讨会，主题是“‘一带一路’建设：融通·创新·可持续发展”。参会代表开展了广泛深入研讨，提出了许多真知灼见，增进了各方对“一带一路”的共识。会议还发表了深圳宣言，正式启动了“一带一路”国际智库合作联盟，广聚各国智库力量，推动沿线国家发展战略对接，搭建共商共建“一带一路”的高端交流合作平台。2017 年 2 月 24 日，“一带一路”智库合作联盟理事会第三次会议暨 2017 年 2 月 24 日在北京举行，来自全国 93 家智库和研究机构代表 200 余人出席会议。据了解，“一带一路”目前已有 100 多个国家和国际组织积极响应支持，40 多个国家和国际组织同中国签署合作协议。中国企业对沿线国家投资达到 500 多亿美元，为当地创造就业岗位近 18 万个，带动了各国经济发展。①

四、结　语

诚然，目前我国正在进行的跨类型智库协同创新相对于我们对智库的理论研究来说，只是一个缩影。但也应当看到，从 1982 年起，吴天佑等国内一些学者通过文献研读和翻译、实地考察及学术交流等方式认识智库以来，我们对智库的理论研究已从“认知”阶段发展到了“自觉”阶段，又随着“中国特色新型智库”建设的开启，我们已跨入了智库理论研究的新阶段——“自信”阶段。处在这个阶段的我们任重而道远，如何构建中国特色新型智库，如何进一步提升我国智库的影响力，智库协同创新理论的研究将会是一个重要的着力点。

① 参见《“一带一路”智库联盟已有 100 多家国内外智库合作网络》，中国经济网 http：//www.ce.cn/macro/more/201702/24/t20170224_20503507.shtml.

第五章　智库区域协同创新

中央主要领导 2012 年以来多次指出建设“中国特色新型智库”的重要性。地方智库正是一种具有中国特色的新型智库，在经济社会的发展中发挥了重大实践作用，地方智库研究工作具有重要理论意义。智库的区域协同创新，是以地方智库为基本单位的，通过地方智库的协同创新来带动智库的区域协同创新。

一、地方智库发展历程

目前，在中国最具有影响力的智库基本上都是官方智库或者半官方智库。2006 年 11 月，中国太平洋学会、中国社科院和上海国际问题研究所在上海联合主办中国首届智库论坛。论坛上公布了国内著名科研院校、学者专家和智库机构评选出来的“十智库”，分别是：中国社会科学院、国务院发展研究中心、中国科学院、中国军事科学院、中国国际问题研究所、中国现代国际关系研究院、中国太平洋经济合作全国委员会、中国科学技术协会、中国国际战略学会、上海国际问题研究所。排名依据是相应智库为国家决策提供的政策和咨询的多寡，以及其提供的咨询在国家的政治、经济、文化、军事、外交等领域产生的影响。其中，中国智库在外交领域作出了较为突出的贡献①。这

① 参见孙哲：《中国外交思想库：参与决策的角色分析》，《复旦学报》2004 年第 4 期。

些智库全部是官方或者半官方机构。其中，中国社会科学院、国务院发展研究中心分别是中央和国务院的主要智囊机构。中国现代国际关系研究院、中国国际问题研究所、中国太平洋经济合作全国委员会、上海国际问题研究所均侧重于外交政策的研究。中国军事科学院和中国国际战略学会则属于军方决策智库，为中国的军事战略，以及中国军队未来的建设与发展走向提供决策。

地方智库何时出现？世界上第一个智库是出现于美国费城的费边社，这是一家位于美国一个城市的地方智库。也就是说，地方智库的萌芽和出现，标志着现代智库的出现。在中国大陆地区，20 世纪 80 年代，地方各级党委、政府研究室的相继成立，标志着中国地方智库的批量出现。总体来看，省、地市和县区三级的党委政策研究室、政府政策研究室、发展研究中心、党校等是地方官方智库的典型代表。继官方智库之后，民间智库的出现标志着一种新型地方智库的诞生。1986 年起，一部分掌握国外智库发展动态、热心于公共政策研究的知识分子出于创建独立思想库的热情，从国家政策研究部门走出来，“下海”组建了中国第一批民间智库。民间研究机构自 20 世纪 80 年代末开始萌芽，90 年代纷纷涌现，到了 21 世纪改革活跃期结束了，民间研究机构进入了艰难的发展时期。2008 年爆发的全球金融危机迫使各国政府和民众反思经济社会发展方式的合理性，同时为思想市场（政策市场）的快速成长提供了强劲动力，也为中国民间智库的发展带来了前所未有的良机，民间智库的发展由此迎来了第二轮高峰①。此轮发展与第一轮发展高峰的一个明确区别在于，咨询公司、调查公司以及培训公司等市场化机构（企业智库）成为民间智库的主力，其中尤以零点调查公司、安邦咨询公司、北大纵横管理咨询、北京方迪经济发展研究院为代表。

值得注意的是，在中国的地方智库发展过程中出现了一个具有中

① 参见〔美〕科斯：《中国改革：商品市场与思想市场的发展》，《学术界》2012 年第 2 期。

国特色的现象，就是出现了所谓的“半官方地方智库”，此类型智库以中国（海南）发展改革研究院（CIRD）和综合开发研究院（中国·深圳）（CDI）为代表。CIRD成立于1991年11月1日，这是一家由政府和企业共同投资举办，以转轨经济理论和政策研究为主，培训、咨询和会议产业并举的网络化、国际化、独立性政策研究机构。以CIRD和CDI为例，我们通过对它们网站的详细分析可以看出，这两个地方智库都采取了“官助民办”的经营模式，即由政府提供主要经费资助保证其生存，智库自身相对独立运转，通过市场途径解决发展问题。由于半官方智库与党委、政府有着密切而不可分割的联系，或者说，如果没有官方的支持，此种智库则无法存在。因此，这种所谓“半官方智库”其实是官方智库的一种特殊类型。

进一步观察中外国家在地方智库发展方面的区别，以智库发展水平最高的美国为例，其智库发展的一个重要特征就是智库在全国各地的分布比较平均，50个州的众多大中城市均有地方智库存在。这些智库积极参与了各州、市的公共政策制定和公共决策过程。而在中国大陆地区，地方智库的分布表现出“极不均衡”的态势。在沿海发达地区，尤其是北京、上海、广东、山东等地，地方智库的发展极其迅速，对地方党委、政府的决策产生很大影响。而在内陆地区，地方智库尤其是民间智库还只是初具雏形。

总体来看，地方智库的发展规模和水平与该地区的经济社会发展水平呈现正相关关系。越是经济发达的地方，智库也越发达。分区域来看，北京的民间智库发展始终领全国之先，此外北京市社会科学院明确提出“建设首都社会主义新智库”的工作目标①。上海市则在推进官方智库发展方面在国内属于领先水平。上海市社会科学院是国内成立最早的社科院和规模最大的地方社科院。该院在2006年提出要建成“国际知名、国内一流的智库”，并提出要有“世界眼光、中国特色、上海坐标”。经过反复讨论，上海市社会科学院最终提出“国内一

① 参见谭维克：《建设首都社会主义新智库研究》，中央文献出版社2012年版，第136页。

流、国际知名的社会主义新智库”建设目标，并于2007年初以党委一号文件《中共上海社会科学院委员会关于构建国内一流、国际知名的社会主义新智库的若干意见》的形式下发。该院以研究所（课题组）为竞争和考核单元，成立了国家首家“智库研究中心”，并随即出版智库专著三本，还翻译了国外有关专著。

在中国现有体制下，一个地区的地方智库（尤其是民间智库）的发展水平与主政者的思想认识有直接关系。广东省委原书记汪洋高度重视地方智库发展，对智库成长予以了支持①。2011年12月，广东省委宣传部和广东省社科联合举办中国（南方）智库论坛，汪洋专门发来贺信。江苏省委原书记李源潮同样重视决策咨询和地方智库建设工作，亲自倡导并参与了南京大学主办的高校智库“江苏发展高层论坛”。湖南省委书记徐守盛专程赴省委政研室调研，要求该智库围绕省委决策部署，讲政治、出政策，搞调研、提对策，着力搞好“省委核心智库”建设，不断提高参谋服务的战略性、前瞻性和精准度②。上海市市长杨雄在市政府决策咨询工作会议指出，决策咨询研究要与贯彻落实十八届三中全会及习近平总书记一系列重要讲话精神紧密结合，与市委、市政府中心工作和重大调研课题紧密结合，与研究破解当前改革发展难题紧密结合，与谋划上海未来30年乃至更长远的发展紧密结合，多出成果，多出精品，为上海争做改革开放排头兵和科学发展先行者作出新的更大贡献。在当地主要领导的推动下，陕西、辽宁、四川等多个省份都组建了全省范围之内的省、市、县三级构成的立体式决策咨询委员会。一个有趣的现象是，很多体制内的组织机构主动提出了打造智库的工作导向。多地方的政协都提出“创建一流智库”，如武汉、珠海等大中城市③。上海等一些大城市提出“人大工作智库”

---

① 参见胡键、吴哲、岳宗：《汪洋对话民间代表称让民间智库提升广东软实力》，《南方日报》2009年4月4日。

② 参见田甜：《打造湖南“省委核心智库”恰逢其时》，《湖南日报》2014年3月29日。

③ 参见彭磊、陈国方：《武汉政协创全国一流“智库”》，《湖北日报》2011年12月29日。

的理念[①]。广东省知联会提出要建设成为具有广东特色的新型智库[②]。

在中国当前国情下，无论是各级社会科学院，还是各级党委政府的政策研究室，都属于体制内的官方智库，并不具有所谓的“独立性”，同时却又是真正发挥作用的智库。由于是体制内智库，中国的官方智库能够与决策机构实现无缝对接，研究成果能够迅速而完整地转化为决策方案，应用到实际工作当中。在地方发展中，各级党委政府、党政机关以及国有企事业单位内设的政策研究机构等官方或半官方智库发挥了极其重要的作用。以地级市为例，这样的官方智库包括市委研究室、市政府研究室、市委组织部研究室、市委党校等，它们的主要职能就是研究和出台公共政策，并将研究成果直接呈报上级党委政府的主要领导。

如果来综合评判各种地方智库的优点缺点，高校智库的明显不足在于离党委和政府相对较远；社科联的不足在于机构松散，没有研究的实体支撑；党委政府研究机构的主要任务是为领导起草文稿，做短平快的研究，难以进行中长期的战略研究；相对来讲，地方社科院从单项职能来讲，虽然未必有优势，但是可以把各方面的综合优势集于一身，它离党委和政府比较近，又有学科人才的优势，能够进行既贴近政府又相对独立，既立足当前又着眼长远的研究，从而把思路转化为战略规划和政策建议。

地方智库虽然取得了长足发展，但是仍存在众多明显的不足：一是基层智库的咨询功能不足。据统计分析，在市县级智库组织的职能中，智囊型占30%，文秘型占20%，兼顾型占50%。这种职能的多样化会导致咨询功能的弱化。二是智库的人才结构不合理。西方智库组织对人才的要求是高学历、高能力和跨学科的。日本的“综合研究开发机构”曾经调查几百家“脑库”中的3000名研究人员的学历。其中

---

① 参见陆拯、钱蓓：《殷一璀出席人大工作会议 要求发挥上海人大智库作用》，《文汇报》2014年4月22日。

② 参见骆骁骅、岳桐：《把省知联会建设成广东特色新型智库》，《南方日报》2014年2月20日。

近70%的人具有学士学位，近25%的人具有硕士学位，近5%的人具有博士学位或者修完博士课程。兰德公司的人员组成结构是：社会科学家占20%，数学家占18%，经济学家占14%，工程技术专家占10%，物理学家占9%，计算机专家占3%，其余为法律、商业、教育、艺术、医学和政策分析、军事分析等方面的专家学者。胡佛研究所的研究人员包括经济学家、历史学家、教育学家、政治学家、社会学家、哲学家、人口学家等多方面的专家，甚至还有自然科学家和实际工作者。

而中国地方智库的人才结构是相当不合理的。据对我国12个省级政策研究室的调查，50岁以上的研究人员占40%，40～50岁的研究人员占44%，40岁以下研究人员仅占16%。在学历层次上，大专以上人员只占54.9%。据调查显示，在地方各级官方智库组织中，80%以上是社科专业的毕业生；在大专层次以上，92.3%是文科类毕业生，且法律、中文、历史、新闻、文秘等专业偏多，经济、管理、信息等专业偏少，自然和工程技术类专业则更少。由于人员配备不合理，地方智库就无法应用跨学科的方法进行研究，也难以胜任新时期的决策参谋角色。在非官方知识组织中，从业范围过度集中于工程咨询、科技咨询和金融咨询，这说明了专家型人才偏多，复合型人才短缺。由于相关研究人员知识面狭窄，导致众多咨询报告偏重于罗列数据，缺乏跨学科的综合分析，因此很难见到切实可行的方案和有见地的结论。此外，智库在当今的中国已经成为时尚词汇，各行各业的众多机构都喜欢加以引用。从某种程度上讲，智库一词有被滥用或泛化的明显趋势。如众多广告公司、商业创意机构往往也会打出智库的招牌。

二、地方智库的概念及其构成要素、竞争力

（一）地方智库的概念

地方智库是智库的一种特定类型。我们可将中国大陆地区的全部

智库分为国家智库和地方智库两个类型。所谓国家智库主要是指具有智库性质的中央国家部委或直属单位（如中共中央政策研究室、中共中央党校、中国社会科学院、国务院研究室、国务院发展研究中心等），中央国家部委下属的智库型组织（如国家发改委宏观经济研究院、国家科技部中国科学技术发展战略研究院等）。国家智库一般在北京市注册成立，其影响范围遍布全国，有的国家智库在全球范围内都有一定影响。

地方智库是指旨在以跨省区域、省级及省级以下特定区域为对象开展政策研究和决策咨询工作，在特定行政区域范围内为党委政府及其职能部门发挥参谋助手作用的区域性智库。根据地方智库法人资格登记注册机构的级别，可将地方智库分为跨省区域智库、省级智库、地市级智库、县区级智库等。根据地方智库法人资格的性质，可将地方智库分为官方智库、半官方智库、高校智库、民间智库等。根据地方智库政策研究和决策咨询的特定领域，可将地方智库分为宏观政策型智库、规划智库、科技智库、教育智库、卫生智库、传媒智库等。其中，科技智库是近年来发展较为迅速的一种地方智库，它主要通过提供最新的科技情报，组织科技领域专家学者进行研讨，建立“专家库”“选题库”和“战略库”为地方党委政府提供决策咨询服务。众多媒体热心于投身智库领域，如新华社、人民日报社、新华日报社等旗帜鲜明地提出要打造媒体智库。在上海还出现了专业的地产民间智库——长三角房地产研究院，该智库由南京大学、上海财经大学、浙江大学三所著名高校以及有关传媒企业共同发起成立①。

（二）地方智库的构成要素

地方智库在发展过程中受到很多因素的影响，影响或决定其竞争力大小的基本要素有很多。可将这些基本要素分为两种类型：一是地

① 参见刘莉：《长三角首现地产民间智库》，《扬子晚报》2010 年 9 月 9 日。

方智库的环境因素，二是地方智库的构成要素[①]。所谓地方智库的环境因素是指对地方智库发展产生影响的各种外部环境因素，包括政治环境因素、经济环境因素、科技环境因素、法律环境因素、社会环境因素、制度环境因素等[②]。如2005年，国家有关部委联合对民间政策研究机构的登记注册资格进行清理整顿，这是一个重要的政治和法律环境变化。经过清理后，以往在民政部门登记的民间智库基本上都被取缔了法人资格。部分民间智库为了获取合法身份，转而到工商部门注册为私人企业。

所谓地方智库的构成要素是指构成地方智库竞争力的各种内部资源要素（简称“资源要素”）、产出成果要素（简称“产出要素”）和外部影响力要素（简称“影响力要素”）的要素组合。从资源要素看，地方智库所拥有的政治资源、经济资源、科技资源、文化资源、信息资源、人力资源等各种资源是其生存发展的根本基础。与资源要素的类型相对应，地方智库相应的政治要素（智库级别等）、经济要素（智库的注册资本、年度预算等）、人力要素（智库组成人员数量和层次等）、信息要素（获取信息数量，发布信息数量等）等都对地方智库的发展发挥着一定作用。制度要素（智库运行机制等）、文化要素（智库文化特性等）、科技要素（智库的信息化能力等）等对于地方智库发展也有着重要作用[③]。从产出要素看，智库主要是以思想文化产品和政策建议作为自己的产出，可以用出版物、论文、研究报告等加以衡量。从影响力要素来看，智库主要是通过推动自己的政策建议转化为政府的政策决策、吸引新闻媒体传播自己的思想观点来扩大自己的影响力。如上所述，地方智库在一定的环境因素制约下，立足于自身所拥有的资源要素，通过不断推进产出要素的优化、组合、提升，进而获得更高的影响力要素。

---

① 参见张小刚：《绿色经济发展内在构成要素分析》，《求索》2011年第9期。

② 参见夏春海、王力：《中美智库的外部环境因素对比研究》，《前沿》2013年第1期。

③ 参见周湘智：《智库管理文化建设的维度及其提升》，《重庆社会科学》2012年第12期。

（三）地方智库的竞争力

地方智库的竞争力（或称地方智库的核心竞争力）是指建立在智库核心资源基础上的地方智库产品、品牌和影响力在政治市场和思想市场上的反映，是地方智库在发展过程中形成的不易被竞争对手模仿并能带来特别影响力的独特能力。地方智库的构成要素对于其核心竞争力的形成具有决定性作用。地方智库的构成要素可以体现出相应智库拥有的稀缺、珍贵及难以仿造的独特资源和能力，对于这些资源和能力的合理运用可以推动地方智库形成其独有的竞争力。

地方智库的竞争力是相比较而言的，是一种相对指标。在竞争日益激烈的区域思想市场和政策市场中，不同类型的多个地方智库通过提供思想产品和政策产品展开了博弈。以往的研究工作主要是对智库的影响力要素进行测度，即将不同地方智库的产品对党委政府决策产生的实际效用（领导批示数量、参与重大决策咨询次数等）、不同地方智库成果的实际社会影响力（智库专家接受媒体专访次数、智库观点被媒体引用次数等）进行比较，从而对地方智库的竞争力进行比较性的定量研究。我们应当通过对构成要素（包括资源要素、产出要素和影响力要素）的综合性评价来对地方智库的竞争力进行评估，但需要明确的是，地方智库竞争力的提高在一定程度上是依赖于区域协同创新的。

三、智库区域协同创新

地方特色新型智库，既是地方党委政府科学民主依法决策的重要支撑，也是地方治理体系和治理能力现代化的重要内容。地方党委政府必须把握社科理论界思想库、智囊团的角色定位和价值取向，推动多元主体深度耦合、平台载体深度融合，创新协同研究机制，引导专家学者在良好的咨政生态中既讲“怎么看”，也讲“怎么办”，充分发挥咨政建言功能，以科学咨询支撑科学决策，当好地方改革发展的“最强大脑”，真正成为新型“智”库。

（一）创新“领导+专家”协同机制，处理好“谋”与“断”的关系

建立健全决策咨询制度，必须正确处理好“谋”与“断”的关系。当前，或者因为强调“谋”的主体独立和客观效果，或者因为存在“断”的信息壁垒和价值误判，“谋”与“断”时常相互脱节。有些专家提出的对策建议或者“看起来很美，其实不管用”，或者“听起来很玄，其实不能用”，或者“议起来很对，其实不实用”。产生这些尴尬现象的深层原因，就在于“谋”与“断”各处一端，形成“两张皮”。提高咨政绩效，必须打破“谋”与“断”之间“无形的墙”，导入“领导+专家”协同机制，推动专家在与领导的良性互动中提出专业化、建设性、可操作的对策建议，以“良谋”助“善断”。一要推动领导与专家直接联系。充分整合社科理论资源，以咨政为纽带，建立领导联系专家制度。领导通过走访、座谈等途径，与专家沟通，增加了解，增进服务，增强外脑。专家围绕领导工作，通过调研、论证等形式，进行前瞻性、针对性、储备性政策研究，献计领导决策。二要推动领导与专家工作衔接。导入领导点题、专家解题机制，定向招标或邀标，专家自主研究，评审组论证完善，以成果专报形式将专家撰写的“命题作文”，呈送领导参阅，实现决策需求与咨询供给“无缝对接”，为领导决策提供“定制服务”。三要推动领导与专家优势叠加。根据课题的研究背景、项目性质、目标任务，优化课题组成员结构，把专家的学术、理论优势与领导的政策、实践优势结合起来，组建混合型研究团队。领导与专家同向聚焦、切磋争鸣、平等讨论，协同推出现实性强、公信度高、影响力大的研究成果。

（二）创新“官方+民间”协同机制，处理好“分”与“合”的关系

咨政研究的组织形式，直接影响和制约研究成效。地方社科联作为地方群团机构，是地方党委政府联系社科理论工作者的桥梁和纽带，也是“社科理论工作者之家”，要发挥“联”的优势，推动官方与民间在咨政研究中“分”得恰逢其时、“合”得恰到好处，提高“分”与

“合”的时度效，优化咨政研究的组织形式。一是咨政信息互联互通。咨政信息完整准确及时是咨政研究的前提和基础。要建立咨政信息通气制度、决策部门对智库咨询意见的回应反馈制度和学者采风制度，让对称的咨政信息在“官”与“民”之间双向传输，提高专家研究的针对性实用性，最大限度地规避“盲人摸象”“自说自话”等现象。二是课题立项聚合研究力量。地方社科联要把握党委政府的工作重点，实施社科应用研究精品工程，通过招标委托、全程监管、后期资助等途径，组织专家学者快速反应，分进合击，提高研究主体的集群效应，为地方改革发展谋高招、献良策。三是学术组织合力攻关。地方高校往往既有基础理论研究实力，又有地方实证研究特色。要依托地方高校融合发展框架，组建协同创新中心，以专家学者为核心、以研究项目为抓手，整合各方优质资源，开展事关地方长远发展的基础理论研究，为科学决策提供坚实的理论支撑。围绕地方重大现实问题，开展多学科的综合研究，提出具有针对性、操作性的对策建议。地方社科类学会汇集了许多既掌握理论政策，又了解地方实践的“土专家”，是蕴含咨政“富矿”的学术性社会组织。这些学会要强化学术功能和成果导向，通过与地方党委政府及其研究机构共担课题、分工研讨等形式，发挥集成优势，协同推出地方党委政府信得过、用得上的精品力作。

（三）创新“学者+记者”协同机制，处理好“研”与“传”的关系

咨政成果要更好地为基层党委政府理解和接受，就必须把“研”与“传”有机结合起来，在“研”中化解“传”的问题。大众媒体记者特别是时政类报刊记者的职业敏锐性、实践关注度、话语大众化和宣传通达率等方面都存在一定的比较优势。在推动媒体智库化的条件下，强化记者对咨政活动的过程参与，让记者和学者一起聚焦基层实践，进行思想碰撞、话语联姻，让咨政“好声音”发得准、唱得响、听得进、传得远。一是深挖调研主题。面向基层发布调研方向，基层党委政府结合本地实际申报调研选题，充分整合后形成调研计划和具体调研方案。二是实地调研把脉。组织记者、学者形成调研团队，开

展“学者记者携手走基层”活动，多个视角看问题，在听、看、议中把握基层实践，号准发展脉搏。三是发布调研成果。借助地方主流媒体专版专栏发表“记者综述+学者点评”，运用清新易懂的话语，推出点穴式、大众化的咨政研究报告，查找问题，探索对策，提升经验，服务基层党委政府完善决策，同时发挥智库引导舆论、统一思想、凝聚共识的积极作用。

（四）创新“报告+研讨”协同机制，处理好“虚”与“实”的关系

目前，各级党委政府坚持“干什么，学什么”“缺什么，补什么”的原则，以中心组为重要平台，深化集体学习。集体学习也是问政问计的有效途径。所以，要强化实践导向，采取“报告+研讨”的形式，延伸学习链，强化虚实结合，形成“学习·研究·创新”三位一体的学习模式，把学习报告会化为务实咨政会。一是会前精心备课。主讲专家要摒弃“一稿讲天下”的传统做法，而要深入实地调研，与地方实际工作部门联合备课，抓住理论与实践的结合点、专家与领导的共鸣点，形成“上接天线”“下接地气”的针对性讲稿。二是会中上下互动。扬弃“你讲我听”的传统做法，设置“你问我答”的互动环节，提升“听众”的学习主体性，形成台上“用心”讲课、台下“用心”听课的生动局面，增强报告的决策参考性。三是会后深入研讨。传统的报告会往往是专家“说过就算了”，对实际工作部门的启发作用十分有限。因此，要推动主讲专家与地方实际工作部门会后“趁热打铁”，面对面交流，消化吸收专家报告内容，共同探讨工作思路，增强报告会的“溢出效应”，切实在武装头脑、指导实践、推动工作上取得更大成效。

（五）创新“存量+增量”协同机制，处理好“供”与“需”的关系

在推进科学民主依法决策的新形势下，咨政成果、咨政资源、咨政人才的“供需”矛盾日益凸显。必须盘活存量、扩大增量，实现咨政效益最大化。一是放大正能量。好的咨政成果往往不是“一次性”产品，许多对策具有共通性、普适性，可复制、可推广。要通过汇编

出版、网络推送、座谈交流等途径，推广蕴含理论之思、破解实践之问的善策良方，在更大范围、更多层次得到再分享、再利用。二是丰富数据库。咨政研究需要占有大量信息，进行分析与综合、归纳与推理。要重视发挥“互联网+”的巨大能量，运用网络新科技，收集、整合、存储咨政信息，不断充实咨政载体、咨政成果等的“大数据”，构建开放、互通、共享的信息平台，为咨政研究提供有力的“云支撑”。三是续推新人才。咨政人才是咨政研究的主体性要件。建设地方特色新型社科理论智库，需要造就一支德学双馨、复合多能、梯次合理的咨政人才队伍。所以，要把握咨政研究的具体特点和咨政人才的成长规律，完善制度安排，强化激励机制，织密支撑网络。注重组织社科理论骨干人才走出“象牙塔”，到改革发展的主战场、群众生产生活的第一线调研考察，到党政机关挂职任职，强化实践认知；组织党政机关人才到科研院所进修深造，夯实学理基础。通过党政机关与智库之间人才有序流动，强化“旋转门”机制，推动咨政人才队伍成长壮大。

综上所述，地方智库的协同创新还有很长的路要走，只有将地方智库——这个智库区域协同创新的基本单位在所属地域进行协同创新才能推动跨区域的协同创新。

四、智库区域协同创新典范

习近平总书记指出：“下好‘十三五’时期发展的全国一盘棋，协调发展是制胜要诀。”[①] 党的十八大以来，以习近平同志为核心的党中央与时俱进、科学决策，在区域协调发展方面作出了一系列重要论述、采取了一系列重大创新性举措，我国区域发展呈现由不平衡向趋于平衡、由不协调向日益协调转变的良好态势。

① 习近平：《在省部级主要领导干部学习贯彻党的十八届五中全会精神专题研讨班上的讲话》，人民出版社2016年版，第19页。

把协调发展作为治国理政的基本发展理念之一。党的十八大以来，以习近平同志为核心的党中央在治国理政中的一个重大建树是提出了创新、协调、绿色、开放、共享的发展理念。新发展理念建立在对经济社会发展规律深入把握的基础上，对于实现“两个一百年”奋斗目标、实现中华民族伟大复兴的中国梦具有重大指导意义。其中，协调发展注重解决发展不平衡问题，它既是治国理政的基本发展理念之一，又是推进各项工作的一个具体要求。贯彻落实协调发展理念，在宏观和战略层面，必须牢牢把握中国特色社会主义事业总体布局，正确处理发展中的重大关系，不断增强发展的整体性协调性，在协调发展中拓展发展空间；在微观和战术层面，必须统筹兼顾，着力补齐发展短板、克服瓶颈制约，在加强薄弱领域中增强发展后劲。

促进区域协调发展是坚持协调发展的一项核心内容。党的十八届五中全会强调，推动区域协调发展，塑造要素有序自由流动、主体功能约束有效、基本公共服务均等、资源环境可承载的区域协调发展新格局。为此，要站在全局高度认识促进区域协调发展的极端重要性。区域发展不平衡会导致一系列矛盾和问题，影响经济发展和社会稳定大局，必须牢固树立不断促进区域协调发展的思想；把缩小地区差距作为一项需要持续推进的重大任务，着力解决区域发展中存在的突出问题，推动落后地区加快发展，促进关键领域“填平补齐”；积极探索抑制地区差距扩大、解决区域发展不平衡的制度举措，通过市场和政府的有机协同，形成动态促进区域协调发展的体制机制。

着力实施“一带一路”建设、京津冀协同发展和长江经济带发展三大战略，是我国智库区域协同创新的典范之作。“一带一路”伟大战略是兼具国际和国内范围的区域协同创新模式，京津冀协同发展和长江经济带发展是立足于国内的典型的区域协同创新战略。

党的十八大以来，以习近平同志为核心的党中央审时度势、内外统筹，先后提出了推进“一带一路”建设、京津冀协同发展和长江经济带发展三大战略，着眼于实现一体联动和重点突破相统一，促进区域协调发展。经过几年的努力，三大战略取得了显著进展。

（一）京津冀协同发展战略

京津冀协同发展战略着眼于解决“大城市病”和同质发展竞争，取得了一系列重大进展。主要是：明确协同发展的方向和路径，形成比较完整的规划体系；着力攻克协同发展瓶颈，在交通一体化、生态环境保护、产业升级转移三个领域实行率先突破，不断取得重要成果；加快构建协同发展体制机制，推动实施一批重大改革创新试验；致力于补齐协同发展短板，公共服务共建共享取得实质性突破；强化基础设施支撑，一批重大工程和重要项目落地建设。作为京津冀协同发展战略的核心，疏解北京非首都功能工作稳妥有序推进：加快北京城市副中心规划建设；实行集中疏解和分散疏解相结合，推动一批疏解示范项目向北京周边和天津、河北转移。尤其重要的是，中央决定设立河北雄安新区，这是深入推进京津冀协同发展的一项重大决策部署。雄安新区与规划建设的北京城市副中心一道，将在承接适宜功能和人口转移、推动京津冀协同发展方面发挥十分重要的作用；同时，将在建设绿色生态宜居城市，实现创新发展、协调发展、开放发展方面提供示范。

推动京津冀重点区域重点产业协同开放。2017 年 7 月 11 日，国务院批复同意在北京市服务业扩大开放综合试点期内继续深化改革推进服务业扩大开放综合试点，原则同意《深化改革推进北京市服务业扩大开放综合试点工作方案》。

批复强调，要紧紧围绕首都城市战略定位、京津冀协同发展战略、构建开放型经济新体制，进一步深化北京市服务业扩大开放综合试点，深入探索服务业开放模式，突出服务业体制机制改革，加快构建与国际规则相衔接的服务业扩大开放基本框架，进一步提升北京现代服务业和服务贸易发展水平，使北京市服务业扩大开放综合试点成为推进供给侧结构性改革和国家全方位主动开放的重要实践，为全面深化改革、探索开放型经济新体制作出新贡献。

第一，实施京津冀协同发展战略其意义在于，为探索人口经济密集地区如何调整经济结构和空间结构探索一条新路，推动形成大的世界级城市群，提高城市群发展的质量效益，并带动整个环渤海地区发展。

按照党中央、国务院部署，2014 年以来，京津冀协同发展各项工作不断取得积极成效。

一是加强顶层设计，协同发展规划体系基本建立。2015 年 6 月，中共中央、国务院印发实施《京津冀协同发展规划纲要》，明确了推动京津冀协同发展的指导思想、基本原则、主要目标和重点任务。围绕落实规划纲要，印发实施京津冀“十三五”规划，编制完成京津冀空间规划，出台实施交通、生态、产业、科技等 12 个专项规划，基本构建起目标一致、层次明确、互相衔接的规划体系。

二是抓住主要矛盾，北京非首都功能疏解有序推进。北京城市副中心加快规划建设，出台实施疏解北京非首都功能控增量、疏存量相关政策意见，稳步推进一批条件成熟的区域性批发市场、一般性制造业企业、学校、医院等有序向外疏解转移。

三是聚焦重点领域，交通、生态、产业率先突破取得重要进展。京张、京霸铁路等重大轨道交通项目加快建设，一批“断头路”和“瓶颈路”打通扩容。建立健全京津冀及周边地区大气污染和水污染防治协作机制，引滦入津生态补偿机制建立，引黄入冀补淀等重大工程加快实施，2016 年京津冀区域 PM2.5 平均浓度比 2013 年下降约 33%。现代汽车沧州第四工厂等重大项目建成投产。

四是强化改革创新，协同发展体制机制加快构建。北京全国科技创新中心、京津冀全面创新改革试验区加快建设，京津冀城际铁路投资公司成立并有序运转，产业转移对接企业税收收入分享办法出台实施，京津冀手机漫游费和长途费取消，一批重大改革举措稳步落地，探索积累了一批可复制可推广的经验。

五是补齐发展短板，公共服务共建共享取得新突破。促进教育医疗资源合理分布和合作共建，启动了区域医疗机构临床检验结果互认、医学影像检查资料共享试点，燕达医院率先实现与北京基本医疗保险互联互通，京冀基础教育教师互派培养项目大力实施，区域旅游一体化格局逐步建立，京冀共同做好冬奥会筹备工作，建立了京津两市对口帮扶张承环京津相关地区工作机制。

第二，有序疏解北京非首都功能是京津冀协同发展的关键环节和“牛鼻子”。北京人口过度膨胀，交通日益拥堵，房价持续高涨，资源环境承载力严重不足，根本原因是北京集聚了过多的非首都功能，再按老路走下去必然“山穷水尽”。因此，京津冀协同发展首要的、也是最核心的任务是有序疏解北京非首都功能。

坚持政府引导与市场机制相结合、集中疏解与分散疏解相结合、严控增量与疏解存量相结合、统筹谋划与分类施策相结合，重点疏解一般性产业特别是高消耗产业，区域性物流基地、区域性专业市场等部分第三产业，部分教育、医疗等社会公共服务功能，部分行政性、事业性服务机构。

3年来，三省市逐步打破“一亩三分地”思维定式，正朝着协同发展的目标迈进，实现了协同发展良好开局，取得了明显的阶段性成效。

（二）长江经济带区域协同发展战略

长江经济带发展战略坚持生态优先、绿色发展的战略定位，各项工作进展顺利。国家相继出台了指导意见和总体规划，明确了发展的方向、目标和重点。以此为基础，制定了重点领域的专项规划和实施方案，形成了系统的规划政策体系。生态环境保护专项行动、重点工程建设和制度建设全面展开，“共抓大保护”取得积极成效。以畅通黄金水道为依托推进综合立体交通走廊建设，一批重点工程陆续开工。依托重要试验平台，大力推进产业转型升级和新型城镇化建设，进一步培育形成一批带动区域协同发展的增长极。

在三大战略的引领下，以沿海沿江沿线经济带为主的纵向横向经济轴带正在全面形成。

第一，产业转型升级机遇。《长江经济带发展规划纲要》（以下简称《纲要》）提出了产业整合、融合、转移、创新集聚等一系列发展思路和举措，与沿线地区产业转型发展的内在要求高度契合，使沿线地区能够从国家政策、区域合作中争取到更多更大的发展动能，有助加快产业结构调整、发展方式转变步伐。

第二，生态文明发展机遇。《纲要》全面贯彻绿色发展理念，提出生态文明发展原则，实现经济发展与资源环境相适应，走出一条绿色低碳循环发展的道路。这对沿线地区既是明确要求也是发展机遇，必将有力地带动沿线地区生态文明建设。

第三，基础设施建设机遇。《纲要》明确提出，要把长江全流域打造成黄金水道，率先建成网络化、标准化、智能化的综合立体交通走廊。这为沿线地区带来两方面重大利好。一方面，有利于加快补齐水运“短板”，使沿线地区水运进入又好又快发展的新阶段；另一方面，有利于进一步健全沿线地区综合交通体系，提升各地交通枢纽的功能和地位。

第四，新型城镇化发展机遇。《纲要》围绕提高城镇化质量这个目标，提出了优化城镇空间格局、推进农业转移人口市民化、加强新型城市建设、统筹城乡发展等重点内容。近年来，沿线地区新型城镇化水平不断提高，但相比沿海差距仍然较大，特别是在城镇体系建设、人口城镇化、统筹城乡发展方面任重道远。《纲要》使沿线地区新型城镇化方向更明晰、重点更突出，有望得到更多政策支持。

第五，大开放大合作机遇。《纲要》提出要着力构建长江经济带东西双向、海陆统筹的对外开放新格局，积极推进长江经济带一体化市场体系建设。这些思路和举措，将为沿线地区开放发展开创新舞台，沿线地区补齐进出口这个发展短板正当其时。

当前，我国经济正处新常态，亟待寻求新的更加强大的增长动力。在更广范围、更深层次上推动区域一体化发展，实现更高水平的区域产业融合、资源优化配置，是国家经济发展必然趋势。作为经济社会发展最具活力和潜力的地区，长江经济带横跨我国东中西三大区域，覆盖上海、湖南、贵州等 11 个省市，面积约为 205 万平方公里，人口和经济总量均超过全国的 40%。推动长江经济带发展，加快供给侧结构性改革，更好发挥长江黄金水道综合效益，着力建设沿江绿色生态廊道，构建高质量综合立体交通走廊，优化沿江城镇和产业布局，推动流域上中下游协调发展，打造生态文明建设的先行示范带、创新驱动带和协调发展带，将推动更高质量、更有效率、更可持续的发展。可以预期，长江经济带巨大潜能的逐步释放，将为中国经济现代化和实现“两个一百年”目标提供动力。

创新促进发展，科技引领未来，创新是持续推动经济繁荣的动力，国内外的研究表明：一个区域的经济实力和其创新能力是正相关的。因此，区域创新是区域崛起的必由之路。随着我国经济进入新常态，加快经济结构调整和转型升级将是一项长期任务，在这一过程中，区域协同创新的重要性日益凸显。区域协同创新将打破区域发展壁垒，形成区域发展新格局。

第六章　智库国际协同创新

全球一体化进程导致各类国际事务明显增多，全球范围内政治、经济、文化的交流加强。为更好地处理各类国际事务和国内矛盾，进一步加深对世界的了解，加强智库国际协同创新，成为当今各国智库建设的关键。

一、对智库国际协同创新的认识

现代智库，作为重要开启智慧、生产有效思想资源的组织机构，是一个国家、机构思想诞生的泉源，象征着一个国家的软实力，智库所创造的有效思想是其国际话语权的重要标志。当今社会，智库正逐渐地在各国经济社会发展与国际事务的处理中发挥越来越突出的作用，也成为一国或一地区发展程度和治理能力现代化的重要体现。

研究和分析国际智库建设现状，总结国际智库合作的经验得失，探索国际智库协同创新机制，进一步提升合作的实效性，发挥其对国际关系的思想与智力驱动作用，具有重要的理论和实践意义。为此，建设高水平、国际化的智库已经成为一个全球化趋势。智库作为思想与智力提供者在国际和平发展事务中扮演着关键性角色，不仅影响着一国内部的各项重大政策实施，而且影响着国际舆情动态以及国际关系。

本质上，全球一体化进程对社会、政治、经济、文化的发展需求和现实影响促使人类形成智库国际协同思维，开展智库国际协同创新活动。航海使人类对世界的认识得以扩大；近代工业革命的发生，轮船等交通工具的发展，使得人类的足迹逐渐遍布全球，人类的生活实现了交通互融，同时也展开了以西方国家为主体，在全球范围内进行的资本掠夺，人类历史进入了新式的黑暗时刻，黑人农奴在全球范围内被贩卖，殖民侵略血腥残忍。全球化促进人类的交融的同时，更多的是带来迫害和压迫，旧有世界格局被打破，新的世界格局逐渐建立。人类的历史告诉我们，世界本是“一家”，人类以新的方式、以“和平、发展”为主题开展国际间事务，在相当长的时期内，带来的全球政治、经济和文化的全面发展，这一时期可以视为自全球化进程以来真正意义上的、惠及世界的时期。近年来，世界局势不断发生新的变化，国际间、地区间进入新一轮角逐，全球经济疲软，环境问题突出，原有的全球化进程中地区间合作组织危机重重，甚至出现瓦解倾向。英国脱欧是鲜明的例证。美国特朗普政权实施的新政等一系列新的现象都提出了不断加大智库国际协同创新建设、增进对智库国际间的协同创新要求，以适应新时期国际局势下国际关系的处理和推进全球化进程中政治、经济和文化的交流与合作。共同维护好人类唯一的家园，要求各主体积极担当、致力于全球化发展。

立足本国、放眼全球，开创新型智库国际协同创新模式是当今时代发展的必然趋势。随着我国经济、政治以及文化软实力的不断增强，以及国际新格局的变化，使得中国在国际上的地位越发的重要，建立新型的智库国际协同关系是我国基本国情的需要，是我国新时期进一步扩大开放、提升核心竞争力、担负历史使命和社会责任的迫切需要，也是世界范围内人类社会历史发展的迫切需要。

智库决策研究支持智库国际协同创新，我们可以这样理解，以国家为基本单位的各类智库主体间就某一共同话题以知识增值为核心，以实现创新互惠，知识的共享，资源优化配置，行动最优同步、高水平的系统匹配度等目标共同进行智慧开发，提供相应的思想智力资源，智库国际协同创新是通过国家意志和机制安排的、资源、人才、技术等要素深度合作的创新发展模式。按照实现途径不同，智库的协同创新研究可分为智库决策研究内部协同创新和智库决策研究外部协同创新，智库国际协同创新属于外部协同创新。所谓外部协同创新是指各独立的智库间创新要素的整合以及智库决策研究支持资源的无障碍流动。为实现智库国际协同创新所诞生的思想效益和对各自利益的满足，各智库参与主体需要共享人才和信息资源，共同出谋划策贡献有利于智库国际协同创新的总体目标的思想，其不仅仅在于谋一国之利，而在于谋全局之利。

二、智库国际协同创新的基本特征

近年来，智库的发展呈现新的形式，受全球化发展的需要，智库建设走向多元、复杂的形式，由独立化、非营利化、专业化转变到以专业化为核心的国际化、网络化、综合化和协同化的智库国际协同创新的新模式。

第一，国际化。智库国际协同创新的国际化趋势包括经营理念的国际化、研究领域国际化、人才队伍的国际化、研究视角的国际化、影响力国际化、智库业务的国际化、传播方式的开放性等。智库跨国研究、国际协同活动日益增多，在大科学时代，科学研究呈现出鲜明的国际化特征。一些智库作为自身发展的战略规划直接走出本土，在海外设立分支机构，建立开放的智库网络，在推进国际交流与合作、助推公共外交、帮扶跨国企业、促进国际型科研起到了积极的作用。

(1) 经营理念的国际化。一些智库顺应全球化的大势，积极服务于海内外的各类公共事务，同时参与到企业和各类民间智库的协同合作中，拓展自身业务范围，向国际化过渡，这也是智库自身建设国际型智库的重要举措。

(2) 研究领域国际化。一些智库侧重于处理国际危机、热衷于国际公共外交和国际关系方面的研究。在处理各类国际关系的矛盾方面，此类智库表现出色，提供优势智力思考，诸如在不同主权国家之间、各类国际组织之间以及多重政治力量之间，在分析该类问题、揭示危机背后的重重因素和提出相应的决策以化解各类危机方面，能够提供有效实用的智力资源，解决此类现实问题。全球一体化，尤其是全球化进入到以资本、人才和技术等作为流动要求以及信息技术革命的发展，生产要素、产品、人才队伍的流动性在国际间增强，跨国企业不断增多，科研合作跨国明显增多，甚至是以国家层面主导的跨国大型科学实验室等，涉及社会生活的方方面面，各国都在争相把握机遇，积极投身于智库建设的国际化浪潮中，增进跨国界智库间的协同作用。尤其是在当前，我国处于“走出去”的浪潮和良机之中，改革开放的范围进一步扩大、程度进一步加深，我国国际智库建设以及开展智库国际协同创新更要把握机遇，制定应对策略，争取在新一轮智库国际协同创新阶段抢占先机，大大地提升我国智库水平。

(3) 人才队伍的国际化。西方智库建设方面有诸多值得我们借鉴的经验，例如，西方智库打破地域和种族界限，秉承“用人唯贤”的思想，同时借助其优势的社会环境和人文环境、良好的社会福利等优势，广泛吸纳世界各地的优势智力资源为其服务。西方国家本土的优良教育传统和优质的教育水平为其储备了大量的本土人才，其开发式教育的特征保障了人才的创造力，这些都为其国际智库建设中全面的人才优势提供了重要保障，为进一步拓展智库活动空间、开展智库国际协同创新活动直接提供了大量的人才资源。例如，在世界知名的美国高校中，其中国际学生的比例高达10%以上，这类学生大多都是各国顶尖级的精英人才，他们对本民族的政治生态、文化环境、人文地理等多有充分了解，因此被美国诸多智库吸纳而作为重要的人才资源参与国际化的事务中，作为重要的国际事务专家为美国智库服务，积极投身于美国国际智库和智库的国际协同创新建设当中。社会人才的流动也成为各国智库对人才争夺的重要渠道，例如，随着中国的发展与崛起，一些西方智库将目光投入到对中国的各项事务的研究当中来，美国布鲁金斯学会于在2014年2月聘任华裔研究员李成教授为研究中国问题的中心主任。李成由于长期以来对中国问题有颇深的研究，很快便成为美国顶级中国问题研究团队的领头羊。他带领的庞大的团队是当时的美国总统奥巴马政府认知中国高层的重要的信息来源。同时，他积极加强该学会与中国的联系，也为中美两国年轻学者的交流创建了平台。基辛格本人是卸任后积极投身到智库从事国际事务有关的政策研究中，甚至代表国家层面参与一些具体的国际事务。总之，智库国际协同创新在人才队伍建设中的国际化和开放化策略是其保障人才队伍壮大和全面人才观的基本，为其提供了丰富多样的高质量人才队伍。这也是美国智库之所以领先全球、诸多美国事务占据优势的关键所在。

（4）研究视角的国际化。智库国际协同创新及国际智库主要分析研究世界各国政治、经济和文化发展局势，以及世界整体政治态势、经济状态，以促进本国政治、经济和文化策略的调整和转向，以顺应世界局势发展的生态环境，提升自身文化生存能力以及政治、经济政策优势，以获取具体落实中的利益最大化。这类智库有，美国布鲁金斯学会、英国皇家国际事务研究所、美国卡内基国际和平基金会、美国战略与国际研究中心、瑞典斯德哥尔摩国际和平研究所、比利时布鲁盖尔研究所、美国外交关系委员会、美国兰德公司、英国国际战略研究所和美国伍德罗·威尔逊国际学者中心、中国社会科学院、上海社会科学院、国务院发展研究中心等。它们在当今世界共同关心的，如全球政治局势、经济衰退、环境变化、能源危机以及医疗卫生等热点问题领域，发挥着积极作用，带来了诸多重要的智慧成果，充分体现了其专业型和国际化视角。

（5）影响力国际化。此类智库通过组建全球或地区性智库网络，建立智库国际协同创新关系，不断扩大自身的参与范围，既获得更广泛的资金来源，又在各类国际组织平台上抛头露面，阐发见解，提供思想，逐步扩大其在全球化的影响力，智库国际协同创新作为一种国际智库新的活动形式正在蓬勃发展。这类智库有，如东亚合作暨东亚智库网络、东南亚国际问题及战略研究网络、非洲的重建基金网络，以及各类临时组建的智库会议网络等。

（6）传播方式的开放性。要解决全球性的问题，往往需要多国的共同参与。各国往往会组建国际会议，建成临时的国际智库，共同出谋划策，协同推进问题的解决。同时，在面对国际问题时，某一国有时也需就热点外交政策问题举办面向世界各国的大型公开会议，邀请各国专家，广泛吸纳各类智力资源。尤其是随着信息技术的发展，通过网络实现面向全民的开放性会议也越来越多，充分体现了其公开化的特性。这种智库模式的发展，有利于促进智库的公信力和国际化的影响力，既是一个国际智库建设所要具备的基本素质，也是实现智库国际协同创新的前提保障。正是因为智库的开放性特征，人们称美国智库为没有固定学生的大学。美国智库在这方面的机制也更加高效，2007年度布鲁金斯学会举行了200多次大型公开会议，美国国际战略研究中心以每年700多次的频度举办会议，美国企业研究所在2005年举办了200多次会议。

第二，网络化。一方面，随着信息技术的发展，尤其是互联网的普遍应用以及大数据时代的到来，智库可以通过互联网传播智库信息资源、思想观点和政策主张等，以及建立自己独立的网站作为智库资源的重要传播阵地；另一方面，智库通过网络可以广泛号召全体人民参与智库的智力资源提供决策意见参与，形成以网络化为平台的新型开放型智库建设。同时，网络话题通过民众的参与，形成的民众意愿直接地影响着智库智力资源的提供，间接地影响政府的决策；再次，智库协同机制的逐步形成，其形成了新型的智库作业的网络模式。

“互联网”时代智库网络化的表现可从三个方面来理解：一是传播手段的改变，特别是随着机械智能化的发展，传播手段还会有进一步改进。二是巨大的受众群体，目前使用移动互联网的人数已经超过6亿。三是传媒平台化将社会互动和决策咨询有机统一到了一起。

传媒平台化使得互联网时代国内智库间、国际智库间、智库与受众群体之间形成了有效的互动机制。“互联网+”时代使得智库影响力可数量化、可测量化，这就是当前智库影响力的构建、提升与以往的最大不同。网络化层面，当前智库影响力的构建、提升主要取决于如下三点：智库的传播技术手段，即能否在现有的微博、微信、客户端之外，开拓新的手段；智库成果的受众情况，比如不同年龄段、知识水平、社会层次和不同的信息接收渠道等；智库类型和特点多样化，由于政府、媒体、社会大众的关注点不可能完全一致，因此网络化带来的多样性为智库国际协同创新机制的形成提供了支持。

第三，综合化。随着研究对象的多样化和对事物深入的研究，跨学科跨领域的智库协同合作新模式逐步形成，体现为智库建设的综合性集成能力，也表现为研究领域的扩大化、研究视角的多样化，形成了全面、系统的智库建设新格局。例如，南非自由市场基金会，“多样性”是其智库发展的基本原则，其研究领域涉及农业、文化和制度、教育医疗、信息技术、法律、货币、产权等，高度体现了智库建设和运行的综合特性。本质上讲，智库的综合化特征是由社会事务的复杂特性所决定的，由专业型智库向综合型智库的发展也是新的智库发展特性，智库国际协同创新正是智库建设主体综合化的表现。

第四，协同化。智库的协同化有内部协同和外部协同之分，智库国际协同创新主要体现的是智库的外部协同和国际型智库的内部协同。在处理重大国际、国内事务方面，智库国际协同创新发展是时务所需，是新时期智库建设的主题，是解决新时期国际、国内事务的智慧之源，正体现了其国际化、网络化、综合化的特征。

(1) 在处理国际事务方面。当今世界形势错综复杂，经济下行、政治关系复杂化、文化多元化，在一国的建设中，如何正确合理地处理好与外部的关系是解决外部事务的关键。智库国际协同创新建设能够有效吸收各国人才智力，可为解决国际事务提供源源不断的智力资源。

(2) 处理国内事务方面。我国处于改革开放并不断扩大开放的进程中，放眼世界，发展自我，是对新时期国家建设的整体要求，对世界形势的把握和认知是增进国家内部事务处理的重要因素。因此，我国应加强智库的国际化协同创新建设，以满足当今国内建设的需要。

认清智库国际协同创新的基本内涵，明确当下国际国内的基本形势，共同推进智库国际协同创新工作，是紧急而必要的。

三、中国智库国际协同创新呈快速发展态势

目前，中国绝大多数智库不具有国际协同作用，缺乏真正的智库协同效应以及影响力。但是，近年来具备国际协同特征的智库开始涌现。其国际协同表现主要表现为：

第一，研究开始向国际议题扩展。高校智库是最早进行国际协同梦创新领域研究的智库组织。目前，北京、上海、武汉、南京等地的研究型大学，纷纷成立专门的政策研究机构，如北京大学国家发展研究院、中国人民大学软科学研究所、复旦大学发展研究院、南京大学中美文化研究中心和江苏发展研究院等机构纷纷成立。其中比较有影响的如北京大学中国经济研究中心和清华大学国情研究中心。这两个中心具有人脉广、对现实问题敏感、专业根基厚实等特色优势，具备智库国际协同创新建设的条件与基础。2009 年成立的中国民间的“超级智库”中国国际经济交流中心，也是国际性的经济研究、交流和咨询服务机构，专注国际议题的研究，增大中国智库的影响力。其他较为活跃的民间智库如东中西部区域发展和改革研究院，已经形成了具有影响力的、关注大国关系的智库产品《国家智库》。中国与全球化智库编写了我国第一部国际人才系列专著《国际人才蓝皮书》。书中提出的人才签证、便利化外国人居留政策、防范“野鸡大学”、简化人才出入境手续方面的建议，已经被成功采纳和实施，其他建议也多次获得领导批示。依靠国际视角的研究成果，中国与全球化智库获得了美国移民政策研究所、世界移民组织、国际猎头组织、加拿大大都市移民研究网络等国际智库组织的合作机会。

第二，独立性增强和资金经费的国际共担共享。接受外国基金会资助，是部分中国智库在事业单位改革中经历的主要变化。从现在的运行效果来看，外资资助智库机构，对中国智库的独立性影响不大，甚至反而增强了中国智库的独立性。外资支持国内智库机构，同时也

将国外先进的智库管理经验引入中国，表现最突出的就是，中国社科研究机构和大学研究机构的学术评价机制和激励考核机制，几乎全面追随西方体系。比如，一个研究者和研究机构的评价标准，往往与其在国外刊物发表文章多少、参加多少次国外会议、在海外机构受邀担任什么职务等挂钩。这些措施都不同程度地推进了中国智库国际协同创新的进程。智库的独立性是评价智库是否成功的最重要因素之一。美国宾夕法尼亚大学詹姆斯·G. 麦甘教授主持《全球智库报告》的时候指出，中国本土智库依然存在自主性不足问题。其实，中国国际经济交流中心这种民间智库的成立，代表着这种情况已经大为改善。党的十八大之后对智库发展的支持，表明了政府支持中国智库未来发展的决心。随着中国智库独立性提高，外资对中国智库的认可度提高，其资金来源的国际化程度还会增加。

第三，国际合作的增多。中国国际问题领域的智库机构的国际合作情况相对良好。像世界与中国研究所、中国经济研究中心、中国国际经济交流中心等，常年举办国际研讨会，提升了国际知名度。海外智库机构对中国成长中的智库关注度也开始提升，不少机构已经开展与我国智库的合作。如清华—卡内基全球政策研究中心与清华大学合作开展研究。但是，目前，包括高校智库在内的社会力量在公共外交起到的作用还相当有限。中国智库在外交政策决策上的影响，一般仅限于信息沟通和“纳谏者”角色，国际知名度和认可度还有待提高。

第四，体制内智库面向国际的开放性。2008 年的金融危机后和近年来关于提升中国话语权的讨论，促使中国体制内智库开始着手缩小与西方智库的差距。体制内智库鉴于其服务官方政策的属性，他们的国际协同创新的改革多集中于管理方面。中国科学院从 2007 年起，就在探索科技评价体制改革，建立一种国际协同的评价体制，摒弃单纯依靠 SCI 论文数量为评价指标的评价方法。2013 年，有 19 个中科院所属研究所进行了评估改革试点。中科院共聘请了 114 名国内外专家参加现场评议，95%的专家来自中科院所属研究机构之外，其中，海外专家占 64%。中国典型的体制内智库——国务院发展研究中心，也已经开始探索国外智库的管理体制，它曾在2012年走访了世界上38个智库，与不同的团队和研究人员去深入交流，并树立了建设成亚洲一流智库的发展目标。

当前，我国国际智库的协同创新研究初显成效。其他非机制化的智库合作通过第三方智库或机构的活动或项目开展了智库学者的学术交流与研究合作活动。如德国的博尔基金会、美国的卡特中心、英国的更安全世界组织等等。还有智库间直接的交流与合作，如举办G20峰会、中非智库论坛合作伙伴计划以及于2017年5月举办的“一带一路”论坛峰会等。

智库国际协同创新，为学术界交流合作搭建了一个新的平台，进一步整合各方研究力量，促进学术界以及区外学者之间建立更加包容、开放、稳定的合作关系，从而更好发挥智库学者在中外国际关系中思想先导和智囊团的作用，同时引导国际社会对国际范围内的和平与发展事业给予更多关注和支持，联合研究交流计划该计划旨在通过加强中外学者和智库的交流与合作，共享研究成果，促进中国人民与世界各国人民之间的相互了解和认知。

智库国际协同创新机制的探索和尝试，取得了良好的效果。首先，开启了中外智库间交流与合作，使中外各方对彼此的了解和认知，从无到有，从少渐多。例如，之前，非洲智库合作交流对象大都是西方的政府、国际非政府组织和智库等，通过中国的若干年努力，非洲智库开始来到中国，中非智库学者间对话往来增多、交流与项目合作日盛，从而加强了中非智库间的认知与思想交流。尼日利亚的国际事务研究院和一些民间独立智库走入中国参与对华智库合作后改变了对华消极认知，增进了对中国认知的积极面。其次，智库国际协同创新促进了知识产品的数量和质量，中国对外政策和国际社会对华舆论开始有了初步的影响。例如，中非双方学者开始了一些“联合研究”，联合撰写了一些简报、研究报告和学术论文，在网络、期刊和会议文集中发表，其观点与思想通过政策咨询报告、媒体文章等多种形式开始影响中非双方的舆论与决策。例如，浙江师范大学非洲研究院曾先后与南非国际事务研究院和亚的斯亚贝巴大学和平安全研究所共同举办学术智库会议，并联合编撰了英文版的会议文集，产生了广泛而积极的影响。再次，国际智库协同创新初步形成了一些共识性概念话语，有利于突破西方对国际规范话语权的垄断，从而初步提升了中外各方的话语权和软实力。在各方的交流与研究中，学者在很多方面达成了一些共识，认可中国的尊重主权和强调发展的和平建设方法，认可中国的治理能力对国际社会的重要意义，认可民主的本土性与内生性等，从而形成了“发展和平”“国家治理创新”等共识性概念。

四、中国智库国际协同创新的困境

中国智库组织因为起步晚，发展环境特殊，国际型智库和有国际影响力的智库较少。中国应从解决智库生存问题入手，优化智库发展环境，开创智库国际协同创新发展的新模式，加强智库的规范化管理和开放程度，增强中国智库国际协同创新的水平和国际影响力。

新中国成立后，中国现代智库正式诞生，官方主导的智库首先出现。此后的60多年时间里，中国智库从萌芽时期进入快速发展时期。2013年4月，习近平总书记对“建设中国特色智库”作出重要批示，全国各地一大批新型智库如雨后春笋般涌现出来。然而，与发达国家智库相比，中国智库目前依然处于初级阶段。

由于智库国际协同创新发展的时间较短，协同创新机制建立还处于初探阶段，不足和问题在所难免，具体表现为：协同规划性不强，协同主体较为单一，目前智库国际协同创新主要是高校和科研院所之间的协同，与政府、企业、行业等的合作交流较为缺乏；协同领域不够广泛，双方主要在科学研究、学术交流方面开展合作，而对人才培养、学科交融、产学研等的协同明显不够；协同平台较为薄弱，项目少，资源缺，联合研究成果较少，影响力也有待提升；协同支撑不力，经费投入不足，制度引领欠缺，为进一步加强智库国际协同创新需要各国政府、高校、企业等各类社会组织共同努力，致力于营造良好氛围。

在目前中国崛起的世界背景下，中国急需一批影响世界话语权、传播中国思想力量的智库。然而，研究领域和视角的狭窄，使得上述问题难以及时解决，加强智库国际协同创新研究是解决这一问题的重要途径，但当前仍面临以下主要问题。

第一，中国社会信任危机的大环境导致中国智库的公信力危机。无论是官办智库，还是学术型智库以及民营智库，其思想观点和发布的成果引起公众质疑的示例层出不穷，很多中国民众不仅不信任官方声音，对各种研究机构也经常抱着一种狐疑的态度。不可否认的是，中国智库本身的确也缺乏足够的公信力。一些智库在发展过程中面临丧失自己的观点和独立性的风险，公司和个人成立智库也倾向于促进他们的自身利益。这一趋势造成智库运作的不透明，也会导致个人利益与公众利益的混淆。如果不能在国内产生政策影响力，在国际市场上也就很难被承认，从而难以形成合作协同关系。

第二，研究领域相对狭窄，缺乏国际视野和国际影响力。中国智库很少有鲜明的、突出的全球研究视野，很多的全球性战略议题都是国外智库研究引起强烈的社会反响后，国内的智库才开始研究，从而在话语权和影响力上落后于国外，并在政策上受制于人。欧美等发达国家智库主导着国际社会事务的话语权，而中国智库仅专注于自身发展问题，埋头做国内公共政策研究，很少参与国际性、全球性事务，更很少有机会在国际组织或会议中表达观点，缺乏国际影响力，在世界舞台上处于一种集体“失语”的状态。

第三，研究方法的落伍导致智库国际协同创新能力的落后。当前中国绝大多数智库目前基本上是处在忙着“发现问题，解决问题”的阶段，缺乏全球化的思维、国际化、国际协同的眼光和前瞻性、系统性的研究能力。很多智库过去奉行“深入研究，写出优秀的报告，客户会自动找上门”的准则。在信息爆炸的当下，每天会有不断增多的新技术被创造出来，这就要求智库不断去寻找更加高效便捷的技术手段用于技术的收集、分类和分析工作，通过多样化的媒体传播工具把研究成果推送到各个不同的目标受众和潜在客户手中。那些不能将新技术应用到研究工作和项目推广中的智库，则可能因为不能与时俱进而被淘汰。

第四，国际协同创新研究能力的人才缺乏。中国不是移民型国家，在一定程度上阻碍了智库组织吸引国外研究人才的效果，同时也妨碍了国内智库人才面向国际视野，协同创新共赢。中国目前的人才市场上国际人才严重匮乏。尽管中国每年提供大量的大学毕业生，但高级人才的缺乏使跨国公司在华遭遇人才短缺。目前，由于不同领域及行业人才待遇的差异过大，多数毕业生选择进入体制内工作，愿意选择民间组织的人才少之又少。民间组织在缺乏资金支持的情况下，又往往无法成功吸引国际领域专业的人才。同时，国内智库人才缺乏国际化、智库国际协同创新的认识和能力，继续提高意识、加强能力培养。

五、中国智库国际协同创新的政策建议

中国智库，尤其是民间智库的发展远远没有达到国外智库的发展水平，要谈论智库国际协同，首先要将智库发展引导到正确的轨道上。民间智库由于其相对独立的属性，容易获得国际认可，其在国际舞台的发展前途无量，是中国智库国际协同创新的主力军。中国智库国际协同创新的培育，可以通过扶持民间智库发展壮大，鼓励其走面向国际、协作发展道路的方式，与高校智库和官方智库形成有益补充，同时加强与外部智库的协同创新，是智库国际协同创新的重要环节。

1. 解决智库生存等基本问题，支持智库发挥作用

第一，搭建稳定的沟通机制，疏通智库建言献策的渠道。智库尤其是民间智库难以与政府展开有效“对话”的主要因素有两个：其一，沟通渠道的缺失。目前我国具备官方背景的智库，如中国社会科学院、中国国际经济交流中心等，与政府机构存在千丝万缕的联系，与政府保持高度的合作，其建议通常可以反映至体制内部甚至高级决策层。但对于民间智库来说，尚无普遍的、公开的渠道递交建言成果，严重阻碍了它们研究的积极性和成果的转化；其二，决策层的“兼听”机

制不健全。建议加强对政策咨询工作的重视程度，把预案研究纳入规范的行政程序。2010 年，北京市人大首次尝试法规预案研究机制，就是在立法项目草案起草前，首先委托专业学术机构，对立法的必要性、科学性以及可操作性进行研究。引入专业机构，可以节约决策资源与决策成本，提高决策效率，也可以定期组织高层主题座谈研讨会。

第二，完善智库发展的法律政策，营造有利的发展环境。首先，要明确民营非企业政策研究机构的法人地位。在中国，民间组织指的是除党政机关、企事业单位以外的社会中介性组织，需要在民政部门登记。中国的民间组织可分为三类：社会团体、民办非企业单位和基金会。目前，我国民间智库多被要求以民营非企业的形式注册，但我国《民法通则》没有对民办非企业法人型智库对应的法人形式的相关规定。这造成我国民间智库身份地位遭遇尴尬，无法确定明确的民事责任。建议仿照民间社团的管理规定，明确指出允许民间智库可以以非企业法人的身份接受由企业和国内外个人捐赠的资产用于机构未来长远发展。并且，我国民营非企业注册，需要寻找主管单位挂靠，但由于主管单位只有义务没有权利，导致多数单位不愿意担任主管单位。民间组织注册难问题已经是一个长时间的问题，是智库发展应首要解决的问题。其次，要形成允许智库作出独立决策的政策环境。智库的研究成果要具有前瞻性和可操作性，必须要求智库勇于探索新兴事物、敢于提出不同的声音，为国家战略提供前沿建议。保证智库发出不同的声音，需要法律和政策环境的保护。美国的《联邦咨询委员会法》以法律形式明确指出，“保证咨询委员会所提出的建议不会受到提名机构或特殊利益团体的不合适的影响”。这值得我们借鉴。

第三，探索稳定的支持机制，促进智库可持续发展。各国政府支持和保护智库的发展，主要体现在财政资助、立法支持和信息扶持等方面。中国也应该借鉴这方面的经验，从法律、政策和资金对智库给予大力扶持，鼓励基金会的发展、鼓励企业和个人对政策研究机构的捐助。要建立有效制度，保障智库获得多元化的经费来源，改变官办智库垄断资金、信息和渠道的局面。

2. 支持国际问题研究领域的智库优先发展要提高话语权

首先，要在引导国际言论上更加积极；其次，要打破西方智库和媒体的垄断，释放中国国际话语权的空间；再次，应注重对西方智库的学习研究，加强对国际舆论的反馈与引导；最后，要提高自身的国际影响力，加快中国智库国际协同创新建设与“走出去”战略。需要特别指出的是，民间话语的兴起对中国在国际上夺取话语权至关重要，民间舆论可以扭转精英们单独作战的不利局面。因此，代表民间智慧的中国民营智库，将在中国决胜未来国际政治、经济、文化等话语权方面发挥越来越重要的作用。政府应当在未来10年内，着重培育智库国际创新能力，可以制定推进智库国际协同创新研究领域的智库优先扶持发展的政策方针。

3. 支持智库按照国际规范运作，形成政府—智库间的思想产品市场

智库的民间化发展其实也是构建市场化运作体制的过程。严格来说，现代智库作为市场经济社会中的一种机构组织，必须尊重市场经济的规律，只有这样，中国智库才能真正实现独立性，迈开获得国际社会认可的第一步。第一，智库必须有独立设置课题的自由权利，必须有自己的经费来源，方能独立成长。经费的依赖性会造成咨询工作独立性和客观性的丧失。指派性课题及其评审方式在某种程度上不利于智库的创新能力。智库需要具备自由设置创新课题的空间和权力，以维护公共利益。智库要面对市场，适应市场进行独立研究。根据市场的需要来决定智库的发展方向，智库只有在充分的市场运作体制中才能真正的健康发展。第二，要改变智库编制内的人才管理方式。智库的独立性决定了体制内外的人才流动壁垒应该打开，同时，也要尽量多地取消编制内人才管理方式，提高智库人员的创造性。第三，要形成政府—智库间的思想产品市场，将智库独立性的产品“销售”出去，使其变为真正的政策加以实施。只有这样，智库的政策建议职能才能充分发挥。政府在这方面要解放思想，敢于接纳不同的声音。

4. 协助智库加强能力建设，提高智库国际协同创新研究能力是其安身立命之本，政府要支持智库的发展，就需要协助智库加强能力建设

例如共享国际信息数据来源渠道。信息采集是整个智库研究活动的前提和基础，能够得到准确而全面的信息是智库能否生存和发展的关键。政府机构凭借国家信誉保证了其具备强大的国际交流能力，因而具有广泛的国际数据获取渠道。建议与智库组织分享，如邀请智库人员参与国际研讨活动等。

5. 培育智库国际协同创新的新型人才，打破人才体制内外流动的限制，人才缺乏是制约智库国际协同创新发展的首要因素

政府可优先支持智库国际协同创新的人才建设，如将智库组织纳入海外人才引进计划的引才主体体系；放宽来华留学生毕业实习和工作政策等。同时，打破人才体制内外流动的限制，构建可促进学界和政界之间良好交流的“旋转门”机制。目前，北京已经探索设立一些固定职位给学界，促进政界与学界之间的交流。下一步可以考虑把相关探索成果制度化，如把政府相关政策研究室部分要职提供给学界代表来担任并定期改选；或考虑副局级调研员中部分职位由学界代表担任，并规定他们不能参与更高职位的应聘。这样，不仅可以及时向政府输入一些新鲜血液，而且可以增进智库与政府的沟通。

6. 大力发展思想市场，培育智库长远发展的土壤

诺贝尔经济学奖得主、百岁老人科斯敏锐地指出，目前中国缺乏思想市场，使得偏激和错误的思想容易侵蚀市场经济的根基，导致中国经济险象丛生；由于缺乏思想市场，没有多样性思想存在的保障，就没有化解偏激和错误思想的解毒剂，使得中国经济发展缺乏可持续性。因此，要形成有影响力的智库，要想真正发挥影响力，不仅仅要从智库本身发展努力，还要大力发展思想市场。智库的学者们应该有勇气发表观点，而不是作为政府的传声器，也不是揣测领导的意思而发言。从社会角度来看，应该允许有不同的观点，鼓励不同的观点。只有社会有宽松的自由思想市场，能够形成并容纳多样化的思想，只

有存在多样化思想根基，才能激发创新思想，才能形成多元化的、更有影响力的智库，才能让国家的决策更加科学化。

7. 加强智库的开放水平，加强与国外各类智库的联系与协同合作

加强我国智库的去营利化和开放水平，增强各类智库的独立自主性，是我国智库建设同国际接轨的重要环节，以当前我国主导的各类地域和国际型事务为契机，增进我国各类智库与国外同类智库的协同创新合作，是智库国际协同创新建设的重要途径，也是全球化的今天智库发展的必然趋势。各类智库的国际协同创新，一方面，为当前的具体事务出谋划策，贡献智慧；另一方面，也为今后一个时期内，我国智库建设实现国际协同创新、向国际化发展提供重要的实践平台。

同时，面对全球智库产业发展的迅猛态势，智库应不断重新审视自身的目标定位，转变发展理念，实现从分散向集聚转变、从封闭向开放转变、从单兵作战向联合攻关转变，不断完善智库建设的内在机制，提升智库影响，真正担当起提升国家软实力的重大使命。

1. 加强理念创新，清晰智库定位

智库国际协同创新建设应有新目标、新定位和新原则。新目标是指智库国际协同创新要从上、下、内、外四个维度提升智库影响力。“向上”是指智库对政策决策者的建议和影响；“向下”是指智库要影响社会，教育公众，通过调研报告、学术成果影响世界；“对内”是指智库在国内、校内的协同、合作以及内部管理机制的创新；“对外”则是强调国际影响力和对行业外创新主体的协同。新定位是指智库国际协同创新应整合自身优势，体现新功能。高校智库应当发挥战略研究、政策建言、人才培养、舆论引导、公共外交的重要功能。高校智库推进计划，应结合自身使命与特点。明确专攻方向与定位，要影响政策和舆论，服务国家发展战略；研究国情民情，服务地方经济社会发展；凸显学科特色，服务高校建设和发展。新原则是指智库应遵循专业化、市场化、国际化、特色化的发展原则，加强学科建设、平台建设、团队建设和品牌建设，努力为经济社会发展提供高质量的智力支持。专业化、特色化要求智库具有专业人才和专长研究领域，立足理论前沿

和特色学科开展调查研究；市场化要求智库理论联系实际，深入基层、融入社会，树立市场化的科研思维和研究取向，加强成果转化率和对社会政治、经济、文化、生态等建设的贡献力。

2. 发展内容创新，丰富协同领域

智库国际协同创新应与高校内外、国内外、行业内外的政府（部门）、学校、企业、行业（协会）、科研院所等开展全方位协同，拓展协同主体，丰富协同内容。智库内部协同创新主要是与其相关的核心要素和若干支撑要素（如学科、教学、科研、管理、师生等）的协同创新。学科门类齐全是高校智库的优势之一，智库国际协同创新应充分发挥高校的学科平台优势，在校内整合资源，形成学科的聚合与协同；对外与科研院所、企业、国外高校及组织等协同创新。协同内容方面也可更加丰富，可分为人才培养的协同、科学研究的协同、学科交融研究的协同、产学研协同等。

在协同主体方面，尝试建立中国民间资本参与智库国际协同创新合作激励机制，适当放宽管控，“政府搭台、企业唱戏”，广泛吸纳国企及民企等民间资金参与智库国际协同创新合作活动。开展智库国际协同创新企业合作项目，旨在鼓励民间资本参与智库国际协同创新建设与合作，促使智库资金来源多元化、扩大化，同时加强智库与企业的互动，更好地为中国走出去的企业和资本服务。目前推进智库国际协同创新合作需要研究的课题有以下几方面。（1）智库发展现状研究，主要研究各国主要智库的筹资渠道、人员背景、工作机制、外部联系、类别与影响、对各国事务的影响力等内容，旨在摸清在各个领域影响各国各地区与次地区事务决策、影响各国主要国家政府决策的主要智库的基本情况。（2）各国智库在本国国际关系中的地位与作用研究，主要研究各国主要智库对本国事务以及国际关系的影响力评估、影响机制、未来趋势等。（3）智库对国际关系的影响研究通过定量与定性分析，测度各国主要智库对中国在国际上的关注度、基本态度、政策倾向、影响力进行研究，为中国开展智库国际协同创新工作提供政策参考。（4）其他各国智库关系研究，主要研究国际社会间主要智库与非政府组织或国际组织的关系，哪些智库相对独立性强。（5）民间资本参与智库国际协同创新的机制研究，主要研究民间资本参与智库合作的潜力、合作领域、合作途径、风险与挑战、管控机制等。

3. 促进形式创新，拓展协同平台

双方智库还应致力于：建立多语种（汉语、英语、法语）智库国际协同创新专业化网络化机制，将智库国际协同创新与学者、研究成果、合作项目、交流计划建立专业数据库，共享传播各国智库的信息与知识数据；建立智库国际协同创新学者互换访问机制，资助双方学者到对方智库机构开展合作研究工作；建立智库国际协同创新学生联合培养机制，为双方智库长期发展培养和储备人才，同时达到智库协同平台的丰富和拓展。

4. 实现制度创新，保障协同条件总体而言，智库国际协同创新合作环境还不够优良，支撑还不够有力

处于探索初期，影响规范话语的成效还不明显。在协同制度方面，应建立智库合作信息反馈与评估机制，在专家指导委员会内外，广泛征询各国对智库国际协同创新建设的合作意见建议，及时修正、补充、完善现有智库国际协同创新合作机制。适当放宽学者交流外事机制，在保障国家安全前提下，使学者更便利地走进其他各国，其他各国的学者更便利地走进中国。

六、智库国际协同创新的典型案例分析

1. G20 峰会

20 国集团（G20）是一个国际经济合作论坛，于 1999 年 9 月 25 日由 8 国集团（G8）的财长在德国柏林成立，于华盛顿举办了第一届 G20 峰会，属于非正式对话的一种机制，由原 8 国集团以及其余 12 个重要经济体，即由中国、阿根廷、澳大利亚、巴西、加拿大、法国、德国、印度、印度尼西亚、意大利、日本、韩国、墨西哥、俄罗斯、沙特阿拉伯、南非、土耳其、英国、美国以及欧盟 20 方组成，其每一

次论坛圆满的召开和对国际间事务的推进都是各国智库集体智库的结晶，是各国元首大略之举，是智库国际协同创新的典范。

G20的成立为国际社会齐心协力应对经济危机，推动全球治理机制改革带来了新动力和新契机。全球治理开始从“西方治理”向“西方和非西方共同治理”转变。G20旨在促进工业化国家和新兴市场国家就国际经济、货币政策和金融体系的重要问题开展富有建设性和开放性的对话，并通过对话，为有关实质问题的讨论和协商奠定广泛基础，以寻求合作并推动国际金融体制的改革，加强国际金融体系架构，促进经济的稳定和持续增长。此外，G20还为处于不同发展阶段的主要国家提供了一个共商当前国际经济问题的平台。同时，G20还致力于建立全球公认的标准，例如在透明的财政政策、反洗钱和反恐怖融资等领域率先建立统一标准。

在全球化浪潮下，世界经济日益成为一个整体，经济贸易往来变得频繁而密切，相互间的影响不断加深，经济领域的复杂性、不可预测性增强，仅靠一个国家或少数发达国家已难以有效应对这些问题。在此宏观情境下，G20作为一种全球经济协调机制得以建立，并从最初的应对金融危机机制向协调世界最主要经济体的经济政策机制转型。G20是全球化时代的产物，也将随着全球经济一体化的加深而在全球经济治理中发挥着越来越重要的角色。从2008年金融危机前的G20财长和央行行长会议机制到之后的以峰会为引领、协调人和财金渠道“双轨机制”为支撑、部长级会议和工作组为辅助的架构，G20机制在不断健康完善，这也确保了其作为国际经济合作首要论坛的地位，成为全球经济治理的重要机制。未来G20机制将进一步完善，可能会采取“非正式机制+正式国际组织”的机制化建设路径，即以非正式机制的领导人峰会为核心和引领，以世界银行、国际货币基金组织等正式国际组织为实施平台的复合机制模式，如此可以实现机制的灵活性与可信性的有机融合，以解决现阶段G20机制面临的制度化与代表性困境。现阶段，G20机制中发达国家仍然是国际宏观经济政策协调的主导力量，但也为新兴经济体提供了发挥作用的平台。中国等发展中国家成为 G20 轮值主席国，其发展理念和主张逐步得到国际社会的认可，从被动参与到积极参与，进而参与国际规则制定，其话语权在逐步增强。

可以预见，未来随着新兴市场国家经济快速发展，其在 G20 机制中的地位会进一步提升，在引领推动国际合作、建立全球经济治理长效机制等方面将承担更大的责任和扮演更重要的角色。G20 要更好发挥作用，必须确保 G20 峰会成果和相关承诺得到落实，这就要求进一步优化 G20 发展合作议程，秉承“创新”“联动”“包容”等理念，增强战略视野，加强与 2030 年可持续发展议程等国际发展议程的联系和对接。加强发展工作组与其他 G20 工作机制的政策协调，在切实做好三年一次的发展承诺审议的基础上，理顺工作分工，优化合作资源，推动各有关机制在合作中更好地体现发展元素，协调、有序推进基础设施投资、粮食安全、能源、就业、普惠金融、包容性商业、工业化等领域合作，共同推动全球增长和就业。在此基础上，还要加强问责和评估，以维护 G20 的信誉。近年来，G20 的配套活动日益丰富化，妇女会议、青年会议、就业会议、民间社会会议、智库会议、工商峰会等陆续成为其配套活动，这些会议成为 G20 落实相关发展议题的重要机制，成为 G20 领导人峰会以及 G20 财长和央行行长会议的重要补充。

2. 金砖国家峰会

一般认为，“金砖四国”这一概念是美国高盛公司的吉姆·奥尼尔于 2001 年首次提出的。2009 年 6 月，于俄罗斯叶卡捷琳堡，中国、印度、俄罗斯和巴西首次共同启动合作机制，该四国又被称为“金砖四国”。会晤中，巴西、俄罗斯、印度和中国四国领导人就国际金融机构改革、粮食安全、能源安全、气候变化以及“金砖四国”未来对话与合作前景等重大问题交换了看法，并在会后发表了《“金砖四国”领导人俄罗斯叶卡捷琳堡会晤联合声明》。在联合声明中，四国呼吁建立一个更加多元化的货币体系，提高新兴市场和发展中国家在国际金融机构中的发言权和代表性，并承诺推动国际金融机构改革，使其体现世界经济形势的变化。2010 年 12 月，中国作为“金砖国家”合作机制轮值主席国，与俄罗斯、印度、巴西一致商定，吸收南非作为正式成员加入“金砖国家”合作机制，“金砖四国”即将变成“金砖五国”，并更名为“金砖国家”（BRICS）。金砖国家的标志是五国国旗的代表颜色做条状围成的圆形，象征着“金砖国家”的合作、团结。

2015年1月1日，俄罗斯开始担任金砖国家机制轮值主席国。俄总统普京曾表示，将利用主席国身份进一步提高金砖国家在世界范围的影响力。2016年2月15日，印度正式接任金砖国家（BRICS）主席国，任期将持续到2016年12月31日。史瓦拉吉曾表示：印度在担任主席国期间，将组织50多场不同级别的会议。高度体现了金砖国家的协同创新，是智库跨国界的交流与合作、协同作用推进国际合作。

金砖国家峰会体现的是一种各国智库间跨国协同创新的结晶。为区域范围内深化和扩大合作提供了契机，找到了突破口。其中，深化金融合作层面，切实促进金砖国家境内以各国官方货币进行的商品、服务与投资活动，促进五国间的贸易和投资便利化，助力各国经济可持续发展。另外，夯实合作层面，努力使各领域合作发挥应有作用，巩固合作的经济、社会、民意基础。

2017年1月1日，中国正式接任金砖国家主席国。习近平主席对2017年9月将在福建厦门举办的金砖国家领导人第九次会晤提出四点期待：深化务实合作，促进共同发展；加强全球治理，共同应对挑战；开展人文交流，夯实民意基础；推进机制建设，构建更广泛伙伴关系。

金砖国家领导人第九次会晤将于2017年9月3日至5日在厦门举行。根据文件披露，此次金砖国家领导人会晤将以“深化金砖伙伴关系，开辟更加光明未来”为主题，回顾总结过去10年合作经验，规划未来发展愿景。经过10年发展，金砖国家伙伴关系的理念已深入人心，成为全体成员国努力的方向。根据文件披露，2017年金砖国家领导人会晤将以四方面作为合作重点：

（一）深化金砖国家合作，促进共同发展

金砖国家都是G20成员，幅员辽阔，人口众多，在全球经济版图

中占据着重要地位。过去10年，金砖国家经济总量占世界经济的比重从12%上升到23%，贸易总额占世界的比重从11%上升到16%。五国制定《金砖国家经济伙伴战略》，就加深经济合作、构建贸易投资大市场作出系统规划。成立新开发银行，作出应急储备安排，为完善全球经济治理、促进新兴市场国家和发展中国家发展作出积极努力。作为新兴市场国家和发展中国家的代表，金砖国家应该继续高举发展旗帜，在全球落实2030年可持续发展议程中发挥引领和示范作用，巩固国际发展合作势头。

（二）加强全球治理，共同应对挑战

政治安全是金砖国家合作的重要领域。五国通过安全事务高级代表会议、外长会晤等机制，定期就共同关心的重大国际和地区问题深入交换意见，协调立场。反恐、网络安全工作组等合作机制也已建立。金砖国家应该在此基础上，不断增进战略互信，加强在重大国际和地区问题上的沟通协调，针对热点问题共同发声，为维护国际和地区和平稳定、维护国际公平正义发挥建设性作用。同时，金砖国家应该共同建设开放型世界经济，坚定维护多边贸易体制的主渠道地位，继续推动多哈回合谈判，反对一切形式的保护主义和排他主义，确保各国发展的权利平等、机会平等、规则平等，以及完善国际金融货币体系、加强在多边机制中的协调合作。

（三）开展人文交流，夯实民意基础

文化凝聚着一个国家和民族的精神血脉，既需要薪火相传，也需要互学互鉴。加强金砖国家人文交流合作，对增进五国人民传统友谊和相互了解、推动不同文明交流发展具有重要意义。

（四）推进机制建设、构建更广泛伙伴关系

金砖国家合作机制从无到有，由小及大，经过10年发展，已经形成以领导人会晤为引领，以安全事务高级代表会议和外长会晤等部长

级会议为支撑，在数十个领域开展务实合作的全方位、多层次合作架构。金砖国家应该加强合作机制建设，规范各层级的合作架构，提升合作延续性和协调性，使合作更加高效、务实、富有成果。另外，新兴市场国家和发展中国家加强合作是时代潮流。金砖国家一贯致力于同其他新兴市场国家和发展中国家开展对话合作，谋求共同发展。金砖国家应该继续秉持开放、包容、合作、共赢原则，拓展“朋友圈”，加强同其他新兴市场国家和发展中国家的沟通交流，为促进世界经济增长、实现各国共同发展注入更多“正能量”。

G20 峰会和金砖国家峰会，充分体现了新时期“大智库”的重要意义，国际事务需要国际合作，共同发掘各国智库资源，通过国际峰会平台，实现智库的国际协同创新，将各国智力资源汇聚成重大的理论成果，指导新时期国际间的合作，共同推进各国经济、政治、文化的脚力、发展与融合，实现多方共赢的良好局面。

第七章　智库跨部门协同创新

智库跨部门协同创新是互联网时代下智库发展的必然趋势。智库跨部门协同才能把许多现实问题从不同视角进行全面的分析并制定出实施措施。更为重要的是，智库的决策方案最后落实，是需要包括政府在内的各主体、各部门通力合作才能够实现的。因此，从这个层面讲，智库跨部门协同为智库方案的落实提供了根本的现实保障。需要指出的是，智库是一个功能概念，智库与高校结合可以是高校智库，智库与企业结合可以是民间企业智库，智库与政府结合可以是党政智库。智库也可以是独立的部门去和企业、媒体、政府、高校等进行协同和合作。所以，这里谈的智库是广义上的智库，包括智库功能和智库实体部门。对于跨部门协同我们需要进行一个详细的了解和认识，本章从三大方面对智库跨部门协同创新进行介绍。

一、智库跨部门协同创新的理论分析

智库是国家软实力的重要组成部分，是推进国家治理体系和治理能力现代化的重要内容，是服务政府科学决策、推动社会进步的重要力量。智库跨部门协同创新从理论上来讲非常必要且重要。跨部门的智库协同是智库整体协同创新的关键一环，是智库协同创新的重要体现。智库跨部门协同创新是中国特色新型智库体系的重要组成部分，发挥着战略研究、政策建言、人才培养、舆论引导、公共外交等方面的重要功能。发挥跨部门智库的作用、服务国家经济社会发展既是衡量智库综合创新能力和社会服务水平的重要指标，更是各智库部门自身的职责所在、使命所系。

（一）智库与政府之间协同的理论分析

地方政府在完善治理体系、提高治理能力、推进决策科学化和民主化的过程中需要智库的参与，智库也需要通过新型智库建设锤炼队伍，打造服务地方发展的新载体，不断提高综合实力。不论是从对智库和政府的外部要求还是从两者的内在需求分析共建新型智库的动力机制，智库与政府合作共建新型智库都是务实创新、互利双赢的应时之举。智库与政府合作共建新型智库要高标准定位，使之成为地方党委和政府决策的咨询中心、扎根地方人才的培养基地、地方先进文化的推介平台。在推进新型智库建设过程中，智库与政府应逐步建立稳定供需机制、资源共享机制、协同创新机制、利益保障四大机制，为新型智库产出高质量、高水平的研究成果营造良好的环境，保证合作共建新型智库的长期性和有效性。与我国高水平研究型大学聚焦国家的重大战略问题作为研究领域，服务国家重大决策咨询，打造国家级高端智库的发展建设目标不同，智库与政府合作共建新型智库具有鲜明的地方属性。智库与政府合作共建新型智库必须遵循服务地方经济社会发展的服务定位，根据地方的发展实际需要确定新型智库的研究方向，以“扎根地方，服务地方，融入地方，引领地方”为宗旨和使命。在地方党委和政府决策参考方面发挥咨询服务功能、在落地人才培养方面发挥人才输送功能、在城市文化推介方面发挥文化传播功能，通过理论创新、咨政建言、集贤育人和舆论引导的有机结合，将新型智库打造成为地方经济社会发展中重要的服务平台。

将新型智库打造成为一流的地方政府决策的咨询中心。决策咨询制度是我国社会主义民主政治建设的重要内容，越来越受到各级党委和政府的重视。在各地全面推进小康社会建设的新阶段，更加迫切需要健全、完善地方党委和政府的决策支撑体系。当前，我国地方党委和政府的决策咨询部门主要有政策研究室、社科联等机构和部门，智库与政府合作共建新型智库，必将对进一步完善地方治理体系起到积极的推动作用。在与其他智库同台竞技中，智库与政府合作共建新型智库，必须高标准确定自身的发展定位，坚持跨学科、跨部门协同研究问题，以服务地方党委和政府的决策为价值追求，以地方急需解决的重大问题为工作导向，以提出具有前瞻性、针对性和可操作性的政策建议为基本方式，在地方党委和政府决策咨询中扮演重要的角色，真正做到政府有需求，智库有声音，成为地方决策咨询体系中不可或缺的重要力量，对地方发展起到积极的推动作用。

智库与政府合作共建新型智库，必须根据地方发展所需，整合智库和政府的人才资源、信息资源等形成新型智库的发展优势，并在不断扩大优势的基础上培育新型智库的特色，通过协同创新、合作共赢，保证智库工作的持续高效，使之成为一流的地方决策咨询中心。

将新型智库打造成为一流的扎根地方人才的培养基地。人才培养是智库的中心工作，智库与地方政府共建新型智库，必须做到决策咨询与教书育人相结合，在为地方经济社会发展中重大问题的解决提供智力支撑的同时，必须始终把人才培养工作摆在重要位置。高水平实践型人才的培养离不开具有丰富实践经验的“双师双能型”教师。新型智库研究人员具有更接地气、理论与实践相结合的优势，智库研究问题的现实导向和研究过程的合作交流，将有助于实现人才培养的社会应用目标。通过积极吸收优秀学生参与智库的科研项目，教师将智库的科研成果及时反馈到课堂教学，能够让学生在接触真实问题、实用方法的过程中加深对理论知识的理解，提高学生综合分析问题、解决问题的能力，进一步拓宽学生的职业发展路径，从而为地方发展建设培养更多的了解地方风土人情、熟悉地方政策法规、愿意扎根地方的应用型、复合型人才。同时，新型智库要积极开展地方发展所需的继续教育和培训，及时将最前沿的理论方法以及解决现实问题的思路传授给政府机关干部及相关工作人员，并通过他们实现科研成果的应用与转化。通过政策研究与人才培养良性运行、互为促进，切实发挥智库在人才培养过程中的辐射作用，使之成为一流的扎根地方人才的培养基地。

将新型智库打造成为一流的地方先进文化的推介平台。随着地方经济社会的不断发展、人民生活质量的显著提高，地方党委和政府更加重视城市文化软实力的提升，将其作为推动城市发展的内生动力，都在不遗余力地培育宣传城市文化。智库与地方政府共建新型智库，既要成为政策制定的参与者，也要成为地方优秀文化的推介者。智库要通过定期举办发展论坛、研讨会等活动，与社会各界沟通交流，就城市发展的热点问题进行广泛深入的研讨，在研讨交流中宣传推介地方党委和政府在城市治理方面的发展理念、先进思想、成熟经验。要通过专家学者做客电视节目、在报纸上发表文章，深刻分析解读地方党委和政府出台的政策，帮助人民群众理解地方经济社会的发展情况和政策走势，影响公众舆论。要充分发挥智库国内外学术交流频繁的优势，利用主办或承办各类的学术会议的机会，邀请与会专家考察市容市貌、切身感受城市文化、了解先进的政府管理经验等，促进城市文化的广泛传播，增强地方先进文化吸引力和政治影响力，塑造有利于本地区发展的良好环境，使之成为一流的地方先进文化的推介平台。

（二）智库与企业之间协同的理论分析

智库与企业的协同主要指智库作为独立的部门或机构为企业发展提供一定的策略发展参考和建议。智库与企业的协同，是指由专家及专业机构组成的多领域的，为企业经营决策者在处理研发、制造、营销、人力资源、财务、法律、金融、公共关系等方面问题提供最佳理论、策略、方法、思想或相关第三方服务的跨部门性质的合作机构。智库与企业的协同，有别于传统智库概念，它不仅是智囊机构，更是遵循市场发展的一般规律，科学地为企业提供执行策略及服务的经济组织。广义上的企业智库，也具备辅助政府制定大型及中小企业发展方针、政策的功能。

智库与企业的协同是社会经济高度发展的产物，亦是一种现代现象。随着全球经济一体化进程加速、能源冲突的不断升级、自然灾害的频频发生及世界经济危机的席卷，进入21世纪后，全球企业特别是发展中国家企业面临巨大的生存和发展压力，居高不下的成本、白热化的市场竞争、隐性的经营风险等，都在不同层面影响着企业。面对企业经营的种种问题，智库与企业的协同应运而生。现代智库与企业的跨部门协同不仅形成了企业智库这样的研究机构，也是解决企业实际问题的执行组织，其模式先进性和实用性在于由平台型实体企业进行的开放式运营模式——在组织设置方面，充分利用理论与实践的辩证关系，于系统内构建“相互关联、相互补充、相互促进、相互协作”的三个层级包括：第一层级：专家顾问团，由科研教育等机构专家与知名企业家组成，主要负责企业经营层面上的高端咨询与服务，包括宏观经济预测、政府政策匹配、产业链发展趋势把握、企业关键战略制定等。第二层级：第三方专业机构，包括工业设计、精益生产、品质管控、管理咨询、品牌策划、媒体宣传、公共关系、金融保险、法律服务、财务管理、知识产权保护等机构及企业，主要负责相关专业的深度服务。第三层级：企业智库运营企业的内部相关职能部门，包括研发部门、生产部门、品质部门、供应链管理部门、管理部门、营销部门、财务部门、综合运营部门等，负责企业内部智库的运作及第一层级、第二层级智库成员与相关企业及机构的对接。

智库与企业协同的主要职能和目标主要包括：提出思想、提供方法、提供专业服务，教育公众和企业、汇集人才、整合资源、以知行合一的方式产生实际的经济效益。智库与企业的协同通过高端培训、论坛交流、定向咨询、深入辅导、长期合作、信息共享等六种方式进行运作。

（三）智库与高校之间协同创新的理论分析

高校与智库协同创新是我国智库创新的重要组成部分，具有很大的发展空间、也具有巨大的发展潜力。在新形势下，高校与智库协同创新建设是中国特色新型智库建设的重要内容，具有重大的研究意义。

首先，高校与智库协同创新有利于促进转型时期复杂社会问题的有效解决。里格斯的行政生态学描绘了发展中国家的三个发展阶段，我国目前正处在过渡阶段，转型时期的中国面临着空前复杂的国际国内形势，西方国家对中国的政治孤立与经济围堵从未停止过，国内部分“分裂势力”一直活跃在国际舞台，国内的经济发展与环境保护的关系、与民生问题的关系、与资源分配的关系等一系列复杂问题需要处理。这些问题间存在着复杂的多维联系，非一个学科或一个高校智库所能解决。高校与智库协同创新将有效整合各方智慧与优势资源，系统全面地分析事物间的联系，将哲学社会科学与自然科学有机结合，从机制与技术层面共同研究找到解决之道，为政府决策、社会转型积极贡献智慧，促进转型时期复杂社会问题的有效解决。

其次，高校与智库协同创新能够有效弥补官方智库与民间智库的不足。智库建设过程中需要一定的独立性①，智库的协同创新需要前瞻性，即是要以最新的协同理念和技术手段进行合作与创新②，这些都对高校与智库协同创新发展至关重要。官方智库有着深厚的官方背景，其研究方向受政治环境影响颇深，高校智库相对官方智库而言，可以自由探索研究方向，能够更加独立客观地研究问题、提出建议。我国民间智库发展艰难、资金缺乏、短视性研究居多，而高校智库有着雄厚的人才与资金基础，能够基于前瞻性、战略性问题进行深度研究。高校与智库协同创新发展也充分体现了其服务社会发展的职能，服务社会能力的提升体现了高校对社会责任的承担，同时智库建设将反作用于高校人才培养模式，提升人才培养质量。高校与智库协同创新建设、增强服务社会能力、提高人才培养质量将形成良性循环，相互促进，其协同建设合力将有效弥补官方智库与民间智库的不足，推

---

① 参见杨尚东：《全球智库发展实践、经验及对中国的启示》，《海外之窗》2010年第1期。

② 参见李卫红：《高校在新型智库建设中的使命担当》，《人民日报》2014年2月16日。

动社会文明进步。

再次，高校与智库协同创新建设有利于协同创新战略的顺利实现。"协同创新"最早被提高到国家战略的高度是2011年胡锦涛同志在清华大学百年校庆的讲话中，他提出："要积极推动协同创新，通过体制机制创新和政策项目引导，鼓励高校同科研机构、企业开展深度合作，建立协同创新的战略联盟，促进资源共享，联合开展重大科研项目攻关，在关键领域取得实质性成果，努力为建设创新型国家作出积极贡献。"2012年5月国家正式启动"高等学校创新能力提升计划"，即"2011计划"。该项工程以人才、学科、科研三位一体创新能力提升为核心任务，开始逐步深化高校机制体制改革，转变高校创新模式，突破高校内外部机制体制壁垒，释放人才、资源等创新要素活力，充分发挥高校多学科、多功能的综合优势，联合国内外各类创新力量，建立一批协同创新平台。高校与智库协同创新建设与"2011计划"相互影响、彼此促进，"2011计划"为高校与智库协同创新建设提供了政策支持，而高校与智库协同创新建设的平台与成果又是"2011计划"顺利推进的保障，高校与智库协同创新建设是多年各高校的重要发展方向，积累了众多经验与成果，这些都将促进协同创新战略的顺利实现。

最后，高校与智库协同创新建设有利于整合有限的教育资源，促进教育公平。我国虽然发展了多年的市场经济，但是由于受到传统行政体制的影响，目前无论是国家主导的智库研究，还是自发的智库研究，均存在着许多重复性研究，资源浪费问题严重。高校与智库协同创新建设将有效减少资源的浪费，促进资源整合，避免智库重复建设，提高教育资源的利用率。同时，我国东、中、西部教育资源分布极其不均，高校与智库协同创新建设将平衡教育资源，促进教育资源公平分配。

（四）智库与媒体之间协同创新的理论分析

20世纪以来，西方发达国家的智库长期致力于本国发展问题研究，为本国经济发展和社会稳定建言献策。作为“政策鲜汤”供给者的智库，要把自己的政策方案推销给政府机构，则需要通过大众媒体扩散并影响政府官员和公众。而媒体则希望通过借助智库专家理性的、权威的论述，来扩大自身的影响力并获得更大的市场份额。随着新媒体的发展，智库不再纯粹依靠传统媒介平台来发声，而是直接利用新媒体。21 世纪智库与媒体如何协同发展、不断创新成为了目前中国发展的现实课题。

凯莱认为，智库是一种组织化安排，企业、政府或富人为其提供经费支持，其所属的研究人员花费一定的时间研究并提供方案，最后由研究者和机构将其研究成果以研究报告或专著的形式公开或不公开呈现。由此可见，智库的研究成果既可以在社会层面公开传播，也可以以不公开的方式在一定限制范围内传播。或者说，智库研究成果的传播方式或者传播范围大小，是由研究经费提供者来决定，不是由智库自己来决定。媒体机构可能拥有一部分为自身服务的市场策略或营销策略的研究人员，也可能聘请公共问题专家开辟专栏发表观点，但绝不会雇用公共政策研究人员生产智库产品并无偿提供给社会大众，因为这不是它们的职责。

移动互联背景下，智库传播需要借助媒体平台扩大影响力并赢得话语权，也可通过自建网站或通过微信、微博等自媒体，宣传自己或传播自己的政策观点，这不能证明智库具有了媒体功能。学者的自我传播更多是利用自媒体进行评论，这本质上是一种言论自由的体现，不是学者或智库因此而具备了媒体功能。就如具有一定知识能力的记者，对具体关乎民生改善、国家稳定、社会和谐等公共问题的有效解决建言献策，不可能因此就表明该记者或该媒体具有了智库功能。不能因为智库利用媒体平台传播其智慧产品，就说其具有了一定的媒体功能，媒体不过是智库的载体，媒体围绕智库课题来生产新闻产品，而课题可以延伸出研究圈群。

二、智库跨部门协同创新的实践分析

智库跨部门协同创新建设从中国目前的实际发展来看，处在初步的发展阶段。很多智库自身的建设还没有成熟，部分智库仍在内部进行跨学科、跨类别的整合和改革。笔者认为，当智库内部建设日趋成熟、中国市场经济体制日趋完善，中国的智库跨部门协同将会进入飞速发展的黄金时期。目前，把握部门智库的跨部门协同实践，理清不同智库与不同主题之间的协同思路，对于智库进一步实现大规模的跨部门协同具有重要的基础意义和价值。需要学者对当今智库跨部门协同创新的实践进行总结，对智库跨部门协同创新的未来提出一些设想，笔者将结合智库跨部门协同创新的实践进行梳理和分析。

（一）智库与政府之间协同的实践分析

合作的本质是合作主体之间不同资源要素的相互流动和优化组合，稳固的合作必须建立在有助于推动彼此目标实现的基础上。通过合作整合优化资源弥补各自资源要素的短缺，从而满足彼此的需求，是合作开展的动力。地方高校与政府合作共建新型智库具有十分明显的需求导向。不论从外部环境对地方高校和政府的现实要求还是从各自发展的内在需求分析，地方高校与地方政府通过合作共建新型智库，在新形势、新要求下对地方高校和政府而言无疑是互利双赢的应时之举。

智库与政府的协同是深入贯彻落实国家有关决策部署要求的现实需要。2013 年 3 月，习近平总书记就智库建设专门做出批示，提出了建设中国特色新型智库的明确要求。同年 5 月，国务院副总理刘延东在“繁荣发展高校哲学社会科学　推动中国特色新型智库建设座谈会”上强调，高校要以服务决策为导向，以提升能力为核心，以改革创新为动力，以哲学社会科学繁荣发展为依托，努力打造一批在国内外具有重要影响的高端智库。2014 年 2 月，教育部印发《中国特色新型高校智库建设推进计划》，对高校新型智库建设做出了明确、具体的安排和部署。2015年1月，中共中央办公厅、国务院办公厅印发了《关于加强中国特色新型智库建设的意见》，要求各级党委和政府要充分认识中国特色新型智库的地位和作用，把智库建设作为政府推进科学执政、依法行政、增强公信力的重要内容，列入重要议事日程。2015年2月，教育部部长袁贵仁撰文，对高校加强新型智库建设、服务政府决策的意义和途径等进行了系统的阐述。一系列的决策部署和上级要求，从不同的角度对地方高校和政府加强新型智库建设提出了十分明确具体的要求，足见国家对大力推进中国特色新型智库建设的决心。目前，部分省份结合实际，对打造具有地方特色的新型智库也做出了系统的安排。因此，地方高校与政府合作，通过整合地方高校与政府的优质资源共建新型智库，是深入贯彻落实国家有关决策部署的务实创新之举。

地方政府完善治理体系提高治理能力的现实需要。纵观发达国家的现代化发展历程，地方智库在地方治理中发挥着越来越重要的作用，已经成为了地方治理体系中不可缺少的组成部分，是地方治理能力现代化的重要体现。政府治理能力现代化主要表现为制度的顶层设计和实施能力的现代化。随着权力知识化进程的加快，地方政府系统内部知识储备不足的问题日益明显，在社会转型关键期、战略机遇期和矛盾凸显期的大背景下，地方经济社会发展中教育、医疗、养老等社会问题不断显现，同时网络时代人民群众表达自己意见和建议的方式更加多元化，社会舆论环境更加复杂。随着地方党委和政府决策过程需要考虑因素的逐步增多，对决策的科学性、前瞻性、实效性提出了更高的要求，这就需要智库提供强有力的智力支持，从而实现以科学咨询支撑科学决策，以科学决策引领科学发展。由于地区之间发展不平衡、存在明显的差异性，地方经济社会发展中的很多问题都是“地方病”，带有鲜明的地方特性，过多地依靠“外援智库”为本地发展出谋划策，常常会出现“水土不服”的问题。因此，地方党委和政府只有加快“本土智库”建设，才能保证获得的决策建议客观、准确、全面，真正符合地方实际。地方高校与政府合作共建新型智库与官方智库相比，身处政府的体制和序列之外，学科专业齐全、人才资源集中、研究立场客观，能够为地方党委和政府决策提供科学的思想支撑，从正向引导党委和政府进行科学决策。因此，地方高校与政府的合作共建新型智库，是地方党委和政府完善治理体系，科学决策、民主决策、正确引导社会舆论的有效途径。

地方高校不断增强自身办学综合实力的现实需要。截至 2016 年底，我国共有普通高等学校 2529 所（含独立学院 283 所）、本科院校 1202 所，其中 1998 年以后成立的 680 余所，约占普通本科高校总数的 57%，他们大都分布在地级市，已经成为了推动地方经济社会发展的重要力量。2013 年以来，国家对引导一批地方本科高校向应用技术型高校转型发展作出了一系列部署，鼓励地方高校根据地方经济和产业结构的特征优化学科专业布局，目的是更好地发挥地方高校的办学职能，在人才培养、科学研究等方面凸显应用性，在推动地方发展中发挥更加重要的作用、创造出更大的价值。应用技术型高校的本质在于“解决实际问题”，这与新型智库建设的目标具有明显的耦合关系。新型智库重在寻求地方经济社会发展中具体问题的解决方式，这为知识的应用创造了条件、搭建了平台。同时智库要求基于问题建构知识框架，这也为文理交叉、跨学科研究提供了天然土壤，地方高校应充分发挥多学科的优势，通过与政府合作推进新型智库建设促进自然科学、社会科学多学科的交叉融合，在解决地方发展实际问题的过程中，促进学科专业综合实力的提升。在我国高等教育由大众化向普及化迈进的今天，地方高校实现持续、健康发展的关键是在服务地方经济社会发展中有更大的作为和贡献，而与政府合作建设新型智库无疑是实现“有为”目标的重要举措。当前，我国地方高校新型智库建设正处于发轫阶段，建设速度的快慢、服务质量的高低在一定程度上决定了一所高校获得政府支持的多少。因此，地方高校必须推动与政府建立稳定、长效的合作关系，让新型智库成为体现办学特色和优势的新亮点，在服务地方党委政府决策和推动自身发展之间实现互利双赢，不断提升竞争力、影响力。

人文社科领域专家学者提高素质能力的现实需要。地方高校作为所在区域科技第一生产力与人才第一资源的结合点，集中了一个地区大部分人文社科领域的专家学者。作为所在区域的知识精英群体，地方高校人文社科领域的专家学者本应积极为地方党委和政府决策建言献策，在地方党委和政府政策制定以及政策评价过程中拥有充分的话语权和足够的影响力，但是由于长期习惯关起门来搞基础理论研究，对参与地方党委和政府决策的热情度不高、主动性不强，在为地方党委和政府决策出谋划策、为地方经济社会发展把脉开方等方面不具备足够的应对能力，地方党委和政府在决策咨询过程中经常缺少地方高校专家学者的身影。此外，由于研究问题常缺少现实导向、研究过程中缺少与地方实务部门深入的合作交流，在教学过程中也很难通过课堂教学、政策研究、社会实践的相互促进，提高学生对实际问题分析研究的能力和水平。因此，地方高校与政府合作共建新型智库，将有助于人文社科领域的专家学者增强服务社会的责任感和使命感，通过聚焦地方重大现实问题，把学术研究成果有效运用到政策制定和实践中，在解决影响地方经济社会发展中的关键问题上有所突破，必将极大地促进人文社科领域专家学者提高自身的能力，更好地实现自身的价值。

（二）智库与企业之间协同创新的实践分析

2015 年 1 月 15 日，随着上海社会科学院智库研究中心公布《2014 中国智库影响力报告》，标志着继中央全面深化改革领导小组第六次会议审议了《关于加强中国特色新型智库建设的意见》以来首份以客观指标数据进行排名的中国智库排行榜正式发布。该报告主要根据决策影响力、学术影响力、媒体影响力、公众影响力、国际影响力和智库的成长与营销能力的综合计算得出。在这样一份含金量十足，可信度高的报告中，企业智库的各项数据都十分惨淡。在报告中，中国社会科学院、北京大学、国务院发展研究中心、复旦大学、中共中央党校、清华大学、上海社会科学院、国家发改委宏观经济研究院、中国人民大学、中国（海南）改革发展研究院被列入中国影响力最大的前十大智库。从综合影响力前十名看，高校智库占 4 席、党政军智库占 3 席、社科院智库占 2 席、民间智库仅占 1 席。从榜单中可以看出，党政军智库、地方社科院、高校智库占据绝对主力，而民间智库仅一家。硕果仅存的中国（海南）改革发展研究院是一家从事改革发展政策研究、咨询、培训等业务的公益性非营利事业法人机构，也并非一家企业智库。

从报告中的另一组关于活跃智库的类别特征的数据看，活跃智库数量最多的类别为党政军智库，共 101 家，占总数量 41%，22%是社会科学院（含科学院、工程院），民间智库占 89 家，占 37%。在民间智库中企业智库 20 家，占上榜民间智库总数的 22.4%，占上榜智库总数的 8.3%。这一数量比例可谓少之又少，显然与中国经济发展现状不协调。活跃的企业智库数量少，再加上之前的综合影响力及各项影响力来看，企业智库均无建树。国内智库发展极度不平衡，企业智库的发展现状可谓一片惨淡。

在中国这样一种智库发展不平衡的情况之下，是否应该集中力量发展“大智库”，对于企业的需求实行外包呢？答案是否定的。企业智库是企业智慧决策及执行系统。企业在其发展中并不能完全依赖其他智库，建立企业自身智库也是至关重要的。

首先，企业智库更了解企业本身。国家的改革发展需要智库，不能依赖其他国家而进行改革。那么企业的改革发展一样需要企业智库，结合自身来量身制定。习近平总书记强调，改革发展任务越是艰巨繁重，越需要强大的智力支持。《关于加强中国特色新型智库建设的意见》中有如下原文“支持国有及国有控股企业兴办产学研用紧密结合的新型智库，重点面向行业产业，围绕国有企业改革、产业结构调整、产业发展规划、产业技术方向、产业政策制定、重大工程项目等开展决策咨询研究。”由此可以看出，中央的文件指导中也强调了企业智库对于企业发展的特殊意义。其次，过分依赖其他智库得到的方案往往不能长期有效地为企业的发展起到良好的指引作用，长期依赖其他智库往往会出现方案只有阶段性效果，无法满足企业长期发展的需要。如果中国国企智库早日成形，产能过剩这一问题可能不会有现在这么严重。再次，企业文化的发展需要企业智库。项目外包给其他智库，由于不了解本企业文化，所制定的方案往往只注意个别方面，从而对于企业文化的传承与发展带来巨大的伤害。此外，企业智库的发展有助于各类智库之间的联动发展。对于企业来说，一般性问题可以直接交给已经成熟的企业智库，而重大问题则应由企业智库牵头联合其他智库共同完成。因此，企业智库的健康发展对于中国智库之间良性互动、智库之间的人才流动对于智库的总体发展也有着至关重要的作用。还需注意到，由于企业智库的性质不同于官方智库或半官方智库，因此在对于政策解读与舆论导向等方面有着特殊优势，国有企业智库具有较好的公信力、灵活性和一定的独立性。又因国有企业通常具有职工人数多、地方影响力大等特点，对于中国意识形态方面的工作也有着不可忽视的作用。最后，企业智库的发展有助于创新型企业的建设，更加符合中国国企改革发展的方向。关于这一点《意见》中还表示中国企业智库应与科研院所有效联动，用科技创新带动企业发展，通过企业来快速孵化科研成果。企业智库的发展也有助于科研成果孵化问题的解决，同时有助于缓解高等人才就业难的问题。除了负责引进高等人才和科研成果之外，企业智库的发展还可以更好地发现并及时吸纳工作在企业一线的创新型人才，有助于企业激励创新在体制上的完整。

（三）智库与高校之间协同创新的实践分析

经过数十年的智库建设酝酿，中国的高校与智库协同创新建设迎来了黄金发展阶段，特别是“2011 计划”的提出与积极推进，更是给高校与智库协同创新建设带来了重大发展契机。2007 年，党的十七大报告提出：“繁荣发展哲学社会科学，推进学科体系、学术观点、科研方法创新，鼓励哲学社会科学界为党和人民事业发挥思想库作用”。2010 年《国家中长期教育改革和发展规划纲要（2010—2020 年）》中指出，“高校要积极参与决策咨询，主动开展前瞻性、对策性研究，充分发挥智囊团、思想库作用”。2012 年《教育部关于全面提高高等教育质量的若干意见》（高教 30 条）强调：“高校要瞄准国家发展战略和重大国际问题，推进高校智库建设”。从各种文本表述的准确性与名称的更迭中，我们不难发现，我国“高校与智库协同创新建设”已经开始形成并将活跃在历史的舞台上。“2011 计划”的实施，在全国掀起了一阵高校与智库协同创新的高潮，使得高校与智库协同创新建设进入公众视野，一年内，数百个高校与智库协同机构在全国建立起来。2013 年 4 月习近平总书记就关于加强中国特色新型智库建设的指示中指出：“智库是国家软实力的重要组成部分，随着形势的发展，智库的作用会越来越大。要高度重视、积极探索中国特色新型智库的组织形式和管理形式。”2014 年 2 月，教育部印发《中国特色新型高校智库建设推进计划》，文件强调：“高校智库要整合优质资源，建设新型智库机构。要以 2011 协同创新中心和人文社会科学重点研究基地建设为抓手。同时要大力推进协同，主动加强与政府研究机构、社科院、科学院、工程院以及民间智库等的合作，强化高校之间及高校内部的合作，着力构建强强联合、优势互补、深度融合、多学科交叉的协作机制。”截止到目前，“中国特色新型智库”“高校智库协同建设”等问题已经被提上了公共议程。这些政策的制定与实施，使高校智库的协同建设取得了良好效果，在高校协同智库建设的数量与咨政的质量上均有大幅提升，从各个角度影响着中国社会的发展。同时，我们也需要看到，我国高校智库建设还存在着许多“协同不足”的问题。从 2014 年，宾夕法尼亚大学发布的《2013 年全球智库报告》来看，美国的智库数量是我国的 4 倍多，从上海社会科学院智库研究中心发布的《2013 中国智库报告》中发现我国党政军系统的智库占到 40%左右①。以上是我国高校与智库协同创新建设的实践情况，在实践过程中也存在不少问题需要克服。

我国高校与智库协同创新建设存在问题的具体表现：

① 参见申孟哲：《智库如何影响中国》，《人民日报》（海外版）2014 年 2 月 22 日。

第一，行业内高校与行业间高校协同不足。1999年前，我国高校的直属管理机构分布在我国高校智库协同建设路径探析国务院各个部委，高校依据其优势学科或所属行业性质决定了其归属与管理。1999年，国务院调整了所属高校管理体制和布局结构（国发〔1999〕26号），除部分外交类、国防类高校保留其所属高校管理权外，其余原部属高校均由教育部统一管理。之后又经历数次职能转变与机构改革，部分部委被裁撤或合并，高校管理归属问题随之发生了悄然变化。受各个部委长期行业性管理的影响，我国行业性高校智库内部协同效果较好，能够经常针对某一行业重大问题进行协同攻关，而行业间高校因其管理所属不同，协同建设的基础不牢，协同咨政的效果不好。虽然国家鼓励综合性、研究型大学发展，但依行业特点而累积的体制性优势仍然使优势学科仅为部分高校所把持，智库的研究方向也多集中在这些优势学科，高校智库的协同高校也以传统的行业内高校为主。各高校智库习惯了同行间的协同，行业间则难以找到协同点或协同力不足。同时高校管理机制守旧，管理者创新意识较差，也使得高校智库的行业间协同缓慢而低效。

第二，直属高校与地方高校协同不足。按照我国高校发展的几次重大战略规划，我国高校分为“985工程”高校、“211工程”高校、地方性普通高校三个层次。“985工程”“211工程”高校属于我国高水平大学序列，大多为研究型大学，容易得到国家财政的支持，拥有较雄厚的人才基础和较优质的生源；地方性普通高校包括省属普通高校、市属高校、民办高校以及高职专科高校等，此类高校大多在政府支持力度、人才基础、生源质量等方面均稍差于“985工程”“211工程”高校。在教育部的直接支持与领导下，高水平高校智库间有着较为频繁的互动，学术交流、教师互访、协同科研攻关、协同申报国内外项目、人才联合培养、联合基地实验室建设等是高水平高校智库间几种常见的协同形式，这些协同项目使得高水平高校智库间保持着较好的联系，智库协同发展较好。而地方性普通高校、市属高校、民办高校以及高职专科院校智库间、高低层次间协同较差。教育部直属高校智库可以享受到教育部的优惠政策以及资金，发展较快，而省属或市属以及民办高校享受到教育部政策与资金支持相对较少，逐渐就拉开了巨大差距。而大部分的人才资源例如院士、长江学者、海外名师等也被教育部直属高校所垄断，成为了教育部直属高校智库发展的重要推动力。这些都是非教育部直属高校无法企及的资源。其一，地方普通高校智库的资金、人才等缺乏，发展受到严重制约，协同项目较少，个体短期应急性咨政报告较多，长期接续性咨政报告较少；其二，受地域和管理归属影响，不同地区的高校、不同管理归属的高校智库间协同效果不好，跨行政区域的协同较少；其三，科研与教学侧重点不同，高水平高校大多为研究型大学，科学研究是其重要内容，智库的协同发展得益于科研需求及科研水平的提升，而较低层次大学教学是其办学重点，人才培养的方向更多是面向社会工作的技能型人才，其教学实践是关键，智库的建设成为次要需求。由此，体制性因素直接导致了教育部直属高校与地方高校间协同明显不足。

第三，发达地区或高校云集地区高校与落后地区或高校稀少地区高校协同不足。高校与智库协同创新建设与国家文明程度、经济发展程度有着密切联系，国家文明程度越高、经济发展水平越高，高校智库协同建设的就越好。我国长三角、珠三角、环渤海等地区是我国政治、经济集中的地区，也是我国高校最云集的地区，广东、上海、江苏、北京、天津五省区面积仅占全国 3.27%，而 GDP 总量却占到全国 31.08%，“211 工程”高校数量占到全国 48.12%。政治文明与经济的发展催生了高校的云集与智库协同建设的需求，政治民主的发展需要高校智库的协同建设，经济发展中所产生的问题需要高校智库协同攻关来解决，这些地区的政治文明程度为高校智库协同建设提供了广阔的外部空间，经济实力的增强为高校智库协同建设提供了有力资金支撑。而在我国其他地区，对高校智库的协同建设需求不够强烈，高校智库的本身发展还较不充分，高校智库间的协同建设更谈不上。政治因素、经济因素、文化因素等都会影响高校教育资源的分配，我国各地区教育资源分布极其不均，特别是东、中、西部三个地区的教育资源存在明显的差异，国家在投入方面也有较多区别，这样就导致了不同地区高校智库的协同建设效果存在较大差异。

第四，国内高校与国外高校协同不足。改革开放以来，我国的高等教育逐渐走出了国门，高校智库也与国外逐渐建立了联系。然而受不同的行政体制和发展水平影响，国内高校智库与国外智库间协同较差。一方面，我国高校发展受制于教育主管部门，高校独立对外交流的体制性障碍较多，在与国外高校智库建立联系时需要教育主管部门审批的事项较多，增加了国内高校智库与国外高校智库协同建设的难度，而国外大学智库相对较为开放与自由，不同的管理体制与办学模式使得国内外高校智库协同接轨出现问题；另一方面，发达国家的现代大学制度建立较早，发展较成熟，已经成为国家决策的重要力量之一，我国高校智库建设严重滞后于国外发达国家的大学智库，学术成果转化度较低，影响政府决定的高质量咨政报告较少，不同的发展水平使得国内高校智库与国外高校智库协同较差。

对此，高校与智库协同创新建设有必要在各个方面进行更为全面的合作和创新，以应对出现的问题。其一，要跨越部门利益，建立高校智库顶层制度设计平台。其二，推进大学制度体系建设，完善大学内部治理平台。其三，推进教育资源均衡化，建立公平的资源配置平台。其四，鼓励高校智库走出国门，建立国际性联合智库交流平台。其五，高校内部要科学设计学科目录，建立学科交叉发展平台。

（四）智库与媒体之间协同创新的实践分析

无论从国内视角还是从国际视角看，智库和媒体都是智慧高地，都是十分重要的国家智慧资源，都在影响国家走向、引导社会舆论。当前，我国的这两个智慧高地都面临新的机遇和新的使命：前者已经开启形成“中国特色新型智库体系，重点建设一批具有较大影响和国际影响力的高端智库”的发展之路，后者已经开启媒体融合发展之路。这无疑都是战略任务。将要把我国智库与媒体引向新的历程的这两条路径，不应该是各行其道、互不相关的，而是应该有所交叉、有所融合、积极互动的。智库与媒体当然各有其独立性，智库就是智库，媒体就是媒体，它们有着不同的功能定位。但它们之间同样具有兼容性。就其主要功能来看，它们具有两大共性：就成果的传播方式而言，现代智库具有一定程度的媒体功能。智库的核心功能首先是进行智慧产品生产，但它生产的智慧产品都是为了传播出去，而不是束之高阁，自守终生。可以说，传播也是智库的核心功能，传播力也是智库的核心影响力、竞争力、生命力。正因为这样，许多智库都有自己的报刊（尽管有些是内报内刊），随着互联网等新媒体广泛应用，智库至少都有了自己的网站、网页，还有许许多多智库学者开设了自己的博客、微博客、微信，运用自媒体进行智慧产品的传播。从这方面看，智库是不叫媒体的媒体，至少也是“亚媒体”。就传播的影响力而言，权威主流媒体也可以在一定程度上发挥智库功能。媒体的核心功能首先是大众传播，但还有面向高端的传播。它所传播的不仅是最新发生的新闻事件，而且要传播先进的思想、科学的理论，传播科学技术，传播智慧与文明。事实上，媒体还在源源不断地进行智慧生产，譬如它的评论、社论、编辑部文章，以及调研、课题、理论文章，等等，都是智慧产品生产。大凡有影响力的媒体，同时也是有影响力的思想库，至于媒体的内参与智库就更接近了。可以说，智慧产品生产也是媒体的核心功能，核心影响力、竞争力。从这方面来看，媒体是不叫智库的智库，至少也是“亚智库”。当然，相对于媒体，智库的传播能力、传播功能显然要弱；相对于智库，媒体的研究能力、智库功能也显然不够强。为取长补短，相得益彰，媒体常常寻求与智库合作，譬如请智库专家学者参与课题研究，以约稿、访谈、座谈会、“会客室”、“连线”等方式，就某些重大问题请他们发表意见，等等。媒体的专家效应，名家、大家效应，大大增强了媒体传播能力，放大了媒体传播效应。同样，智库及其专家学者也常常主动为媒体撰写文章，提供产品，借助媒体传播平台和渠道，实现智慧产品的及时有效传播。这是智库与媒体融合的基础，但与相互融合还相距甚远。由于媒体的研究能力不够，还缺少高智慧、高价值、大影响力、大传播力的智慧产品，媒体的影响力、传播力受到制约；同样地，由于智库的传播力不够，其智慧产品还没有实现充分有效的传播，智慧产品的价值还未能最大限度地发挥出来。甚至有少数智库不懂传播规律，时有不当传播，以至于出现随意地、不负责任的传播，散发了很多有害信息、有害产品。当前，媒体融合发展的战略任务已经展开，尽管这种融合的视野与范围是高远宏大的，但所寻求的只是业界多媒体融合还没有把智库纳入视界；同样，智库的战略发展只是立足于智库视野，通过各类智库的统筹发展，提升智库影响力，也没有把媒体纳入视界。从智库和媒体面临的战略机遇、战略任务看，双方的或多方的融合——多领域、多方面适度融合及某些领域、某些方面的深度融合，是迫切需要的。这样做，既能提升、放大智库功能，又能提升、放大媒体功能。

三、智库跨部门协同创新的典型案例

智库跨部门协同创新是中国智库未来发展的大方向，中国目前有许多智库在探索创新模式和创新机制上走在了前列，根据部分智库跨部门协同创新的实际案例，深入研究其协同创新过程中的细致做法，然后进行汇总和提炼，或许会对今后中国智库跨部门协同创新的整体理论、机制建设和环境营造给予很大的启示。

案例一：跨部门的智库协同创新铸就广州大学现代产业学院

名牌高校、社会团体、民间智库，三方联手创办广州大学现代产业学院打造中国产业人才的黄埔军校。为推动珠三角产业经济发展，促进广东乃至中国产业经济研究与产业研究成果应用，进一步加强继续教育的规范化，为国家和社会培养更多的行业应用型人才，近期，由广州大学、广州市社会科学界联合会、南方现代市场经济研究院发起组建广州大学现代产业学院。此种办学模式在国内尚属首次，并填补了中国产业教育史上的空白。

1. 教学紧扣实践成最大亮点，解决人才供需矛盾成首要命题

实践之于教育的重要性毋庸置疑，用古人的话来讲是读千卷书，行万里路。在当前以升学率为准绳的教育大环境下，高分低能的现象有增无减，而学生无动手能力、无处理社会基本事务能力等问题最为凸显。

尽管中国大学教育阶段都设置了实习科目，但因为缺乏针对性培训安排，从而导致学生过分低估实践学习的重要性。这种实践环节的缺失，令中国人才供需陷入窘境。许多企业在人才招聘时都有一条不成文的规定，应届毕业生不用，此现象就是这种现状最好的佐证。

广州大学现代产业学院将紧扣产业发展最突出矛盾，结合现实中出现的问题进行授课和答疑，本着从实践中来到实践中去的原则，实现应用技能的最大化。一些企业领军人、营销人将以客座教授的身份为学员授课，实战性和实用性兼备。

2. 让继续教育走出形式化误区

除了大学教育中存在弊病外，中国的继续教育也不尽如人意。很多继续教育过分强调文凭和资质，而忽视再培训和再提高，与国外的继续教育有很大差距。由名牌高校、社会团体、民间智库三方联手办学的模式无疑是一次有益的尝试，必将集合官方、民间和高校的庞大资源，培养出来即能用、用即能胜的企业人才，让继续教育走出形式化误区。记者日前从广州大学现代产业学院有关负责人处获悉，为了进一步促进学院的学科建设，该学院拟聘任一批企业一线经验丰富，并在行业有一定影响，愿意参与学院教学、科研、学科建设活动的国内外专家、学者、企业家、工商界知名人士、学者型政府官员，为学院客座教授或兼职教授。

3. 三方联手实现资源最大化

社会科学界最大的人民团体——广州市社科联，其成立于1983年的广州市社会科学界联合会（简称广州市社科联）是广州市社会科学界学术性群众团体的联合组织，是广州市委领导下的人民团体，是社

会科学学术团体的市局级管理机构。社科联机关本部现有工作人员23人，其中主席1名，专职副主席2名。目前，广州市社科联有下属学会、协会、研究会88个，会员总人数近10万人，聚拢了一大批社会科学界的精英。中国产业第一智库——南方现代市场经济研究院。南方现代市场经济研究院，是由于光远等一批著名经济学家倡议，广东省和广州市领导同意、支持，并经有关部门批准于1995年1月成立的政策咨询研究机构，由广州市社会科学界联合会和广东兴邦产业联合运作。

4. 立足珠三角面向全国

南方现代市场经济研究院是立足于广州和珠江三角洲，面向广东省、全国的高层次智慧和思想库机构，并将为积极推进我国改革开放和经济建设，为加快经济社会全面转入科学发展轨道、建设现代化社会主义作出新的贡献。

5. 调研和研究能力卓著

南方现代市场经济研究院由全国著名学者和各级领导担任名誉院长，著名产业实战专家、广东兴邦产业总裁姚晓宏先生担任院长。学院研究人员都有较强的专业理论基础，长期从事中国经济改革和发展方面的咨询研究、中国产业集群研究工作，积累了丰富的调研经验和较强的研究能力，在相关学术研究领域享有非常高的声誉。

6. 历史悠久的综合性大学——广州大学

首先，办学规模大。广州大学是经教育部批准，于2000年由五所高校合并组建的综合性大学。学校办学规模较大，学科门类较全。截至2009年全校共有普通全日制本科生20063人，各类博、硕士研究生2097人。学校拥有2个国家级特色专业，11个省市名牌专业，4个省级实验教学示范中心，11个省级重点学科，1个省部共建国家重点实验室培育基地，8个省市级重点实验室，4个省市人文社科研究基地，11门省市精品课程。其次，科研和师资力量雄厚。除具有历史悠久、治学严谨的特点之外，广州亦具备突出的科研实力和雄厚的师资力量。2004年至2009年间，学校获得各级各类科研项目2353项。截至2009

年，广州大学拥有教学科研人员1310人。目前拥有大学城、桂花岗两个校区。最后，倾力打造中国产业精英。据广州大学现代产业学院相关负责人表示，促进珠三角地区乃至中国现代产业经济发展，推进现代产业经济研究与产业研究成果应用，为国家和社会培养优秀的行业应用型人才是该学院的办学宗旨。据了解，现代产业学院为广州大学属下的二级学院。在成立之初将开展产业人才职业培训、产业科学研究、产业科技成果推广与应用及相关的国际国内学术交流活动。产业学院以应用型产业人才培养为根本宗旨，积极开展教育培训、产业经济科学研究、产业科技成果推广与应用，以及与产业经济建设和发展有关的国际国内交流活动。其中，教育培训方面的具体业务包括：(1) 开展地方产业建设培训教育和指导；(2) 开展产业应用性人才培训教育；(3) 开展大学生就业前行业培训教育；(4) 企业、政府及其他机构委托的各项人才培训或继续教育。另悉，参加产业学院培训的人员可获得“广州大学现代产业学院”颁发的相关培训项目的学习证书。5月22日，广州大学现代产业学院正式挂牌后，招生和培训计划将按计划有序开展。

案例二：泰州市委党校牵头，探索跨部门的智库协同创新路径

泰州市委党校贯彻中央和省党校工作会议精神，进一步聚焦新型智库建设，积极尝试与地方党政部门、企事业单位、智库等开展合作交流，探索协同发展的新型合作模式，为全市经济社会发展建言献策，取得了丰硕的调研成果，决策咨询地位不断提升。

为探索部门协作新模式，加强决策咨询研究，泰州党校专门成立了校市情研究中心。今年，市委党校继续围绕地方经济社会发展热点、难点问题开展调研，并致力于提高调查研究的思想性、针对性、操作性和前瞻性。在与各部门的合作交流中，本着优势互补，资源共享的原则，通过课题合作交流、活动组织参与、信息开放共享等多种形式，

共同服务于市委、市政府决策，发挥智库“咨政”作用。截至2015年10月底，已形成的市情研究成果中，《实施“强干细胞工程”推进成长型企业健康发展——泰州37家成长型民营企业的调研和思考》调研报告获得省人大常委会副主任、省工商联主席许仲梓批示；《关于泰州市创新社会治理体系的调研报告》《关于完善政府权力清单制度体系的调查与思考》两篇调研报告在省部级内参发表；《整合优势资源　抢抓发展机遇　着力把泰州打造成为国内一流旅游目的地》《从地域特点出发创新创意，把泰州建成别具风情全域性养生休闲旅游度假示范区》《泰州海绵城市建设要抓好顶层设计——留住雨水净化水体》《建设医疗大数据　促进泰州精准医疗发展》4篇调研报告分别获得市领导卢佩民、张余松、孔德平、王学锋批示。另外，还有《“治不正”与“治不为”同向发力　着力破解“在岗不作为、履职不担当”难题——关于增强党员干部干事创业履职担当激情的调查与思考》《关于盘活低效闲置资产　助推项目大突破的调研报告》等7篇调研报告在市委、市政府内参发表。通过强化部门协作建设新型智库取得了预期效果，不断提升了党校影响力。

案例三：南海将与智库合作推动创新

在广佛同城的区位优势下，南海要更好地在珠江西岸装备制造业产业带和粤桂黔高铁经济带建设中发挥排头兵作用，科技创新是一个绕不开的关键词。日前，佛山市委常委、南海区委书记梁维东和佛山市政府副市长郭文海与佛山市、南海区、佛山高新区相关部门负责人一行赴北京，拜访国家科技部火炬中心，并与中国科学院、中国工程院、清华大学等洽谈合作事宜，通过傍科技“大款”，向高端智库寻求良策，谋划转型发展。

一直以来，南海区与科技部火炬中心、中国工程院和清华大学等部委和科研机构都有展开紧密合作。以中科院为例，佛山依托中科院，双方合作在建专业孵化器2个、公共技术创新平台2个、产业园区及产业基地各1个，园区内与中国科学院下属研究所开展合作企业超过100家。然而，在新常态下的挑战与机遇，南海如何应对？对此，科技部火炬中心主任张志宏认为，在“新常态”下，佛山高新区既要提质增效，又要找到“新动力”，要更加注重科技创新、注重新型研发机构和科技企业孵化，进一步发挥高新区在辐射和引领带动方面的功能。

此外，如何发挥佛山本土制造业的优势也是众多专家和院士所关注的。中国工程院院长周济认为，佛山以本土制造业为主，而不是以外资企业为主，更有创新驱动的内生力和转型升级的空间。对此，梁维东回应表示，佛山市和南海区将依托中国工程院重大项目，围绕地方重大需求开展合作。据悉，双方在专家咨询、院士工作站设立、重大发展战略研究等方面达成了初步合作意向。南海与清华大学也同样达成了深化合作的意向。清华大学常务副校长程建平说，目前清华大学已经与佛山建立了密切的合作关系，希望将来依托深圳清华大学研究院、清华粤港澳研究院，在承接国际技术转移、清华校友回国创业、人才团队引进等方面加强与佛山的合作。对此，梁维东表示希望通过清华的合作，发挥“以院引院”的效应，在以汽车为主的高端装备制造领域的新型研发机构建设方面开展深度合作，并且把“海外清华学习佛山行活动”办成高端人才创新创业的品牌。

案例四：复旦大学牵头倡议12科研重镇跨部门协同共建“长江经济带智库合作联盟”

2016年12月1日，长江沿岸中心城市经济协调会第十七届市长联席会议在南京召开。会议高峰论坛上，由复旦大学牵头倡议的“长江经济带智库合作联盟”签约启动。该联盟由复旦大学、上海社科院、中国国际经济交流中心上海分中心、南京大学、中国科学院南京地理与湖泊研究所区域发展与规划研究中心、安徽大学、合肥市委党校、武汉大学、武汉发展战略研究院、重庆大学、重庆社科院、云南大学

12所高校及科研机构共同发起。江苏省委副书记、南京市委书记吴政隆，上海市人民政府副市长时光辉，国家发改委基础产业司司长费志荣，以及长江沿岸协调会27个成员城市政府领导和发改委负责同志、长江经济带6个重要城市（区）代表等共同见证。复旦大学党委副书记刘承功宣读倡议书。

1. 对接国家战略　直击现实问题：聚焦古老河流沿岸的当代发展

“要推动五大理念引领的发展，长江经济带11省市共同面临诸多亟待解决的问题，从生态环境确立流域性保护的理念和规划，到促使黄金水道产生黄金效益，不同区域平衡发展，科技创新引领产业转型升级，区域合作机制促进统筹协调行动，都需要开展深入细致的研究，制订全面系统的政策。”刘承功在倡议中提到。见证中华民族千年巨变的母亲河在新的时代被注入了新的活力，长江经济带成为串接“一带一路”的重要国家战略。“长江经济带智库合作联盟”脱胎于这一战略的实施，致力于为长江经济带发展面临的现实问题“量身定制”解决方案。

为政府和企事业单位提供长江经济带发展的高质量研究报告，共同推动智库间的人才交流和学生培养，这是联盟的核心任务。为了高质量完成这样的任务，联盟主张对长江经济带开展全方位、多学科研究，从政府间区域合作机制的构建与完善，到长江水系的生态修复和环境保护，从长江流域的历史人文，到文化产业园区的规划对接。高质量的智库产品既要上得了“庙堂”，也要下得了“江湖”。为了借助长江沿岸中心城市协调会平台，更加充分地发挥智库作用，为沿江城市合作提供智力支持，联盟计划与省市协调会议同步，一年一度举办长江经济带发展智库论坛，推动全社会共同关注长江流域的生态保护，共同促进长江经济带的绿色创新发展。首届长江经济带发展智库论坛将于半年内举行。

2. 开放平台　多元智慧：国内首个由高校倡议成立的相关领域智库平台

“互通有无、深化合作、共同研究、协调行动”，与长江经济带的多方联动相呼应，“长江经济带智库合作联盟”实行自愿开放制，所有致力于长江经济带发展研究的单位，无论是高校还是科研院所，都可自愿申请加入。作为国内首个由高校倡议成立的长江经济带研究智库平台，联盟将通过成员间的互联互通、共享共赢，把长江流域作为一个整体的单元进行研究，主张以流域来统率规划，协调行动。资源共享、研究合作、成果交流、人员互通、联合发声，从而服务政府决策，促进社会行动，在合力把长江经济带打造成引领全国经济社会生态发展的战略支撑带的同时，推动各成员更好地实现科研发展、人才开发、地位提升。为此，联盟首先需要明确合作内容。多方参与必然涉及研究资源的整合。联盟提议，充分发挥各方资源优势，聚合联盟成员力量，建立科研信息、学术资源共享交流合作平台，加强联盟成员间科研项目及科研人员的交流与合作，共同申报科研项目，联合开展科学研究，积极组建协作创新共同体。资源整合的另一面是分工协调。联盟强调打造和促进各方在资源、领域、区位、学科、人才、方法、机制、渠道等方面的特色和优势，建立“谁领衔、谁负责”的课题合作机制，在分工合作中实现共同的发展。在整合资源和分工协调的基础上，联盟将形成智慧合力，努力推动有关“长江经济带”战略的有分量的理论成果和政策主张，生产全系列全方位的智库成果，逐步把联盟建设成为国内外具有重要影响力的“长江经济带问题”的科学研究群、教学和人才培养基地，以及咨政助企的社会服务平台。

3. 科研的土壤　学术的平方：具备科研能力的专业学术服务支撑

随着联盟正式成立，为联盟设立以服务所有成员的联络秘书处也开启了全速运行模式，除日常学术服务外，致力于开发资源共享和信息交流网络平台。这一学术服务组织所依托的长江经济带（复旦大学）发展研究院本身就是一个具备科研能力的学术平台。长江经济带（复旦大学）发展研究院由复旦大学与上海市政府合作交流办联合成立，于 2015 年 10 月 11 日正式揭牌。成立以来，研究院公开发布了长江经济带系列研究成果，为政府协同区域产业发展、园区合作及招商、企业投资选址等提供信息服务与决策支持。长江经济带（复旦大学）发展研究院已初步建成三个全面反映长江流域区域社会经济状况的多维全量数据平台。其中，长江经济带经济与社会发展数据库涵盖了长江经济带9省2市的110个地级及以上城市，包括人口、经济发展、人民生活、公共服务、社会民生、资源环境等方面数百项指标，并与上海联通和中估联行合作，发布长江经济带主要城市的商圈活力指数。长江经济带园区数据库涵盖了151个国家级高新区及经开区和590个省级开发区，包括园区综合经济、产业发展、基础建设、科技创新、交通、人口、政策、环境等数十项指标。长江经济带园区发展信息化平台主要包括各国家级和省级开发区的地理信息和主导产业信息等，可实现长江经济带园区布局、主导产业的空间可视化及互动检索查询。

在大数据的基础上深入挖掘分析并运用现代可视化等技术手段，长江经济带（复旦大学）发展研究院定期发布长江经济带一体化指数与长江经济带园区投资指数，旨在评判长江经济带区域一体化发展进程，梳理数量众多的园区产业发展现状、发展方向和发展潜力，为长江经济带园区合作和企业投资提供科学参考，为长江经济带产业协同发展和长江经济带一体化建设提供服务。植根复旦的科研土壤，长江经济带（复旦大学）发展研究院如今成为了“学术的平方”，不仅为联盟提供统一的跨学科学术咨政服务和智库网络运行的管理支撑系统，也为联盟的产出直接供应原料。

后　记

本书对智库协同创新的基础理论、战略意义、现实实践和构建框架进行了阐述，并就不同类型的智库协同进行了分类研究，通过对当前中国出现的几类智库协同现象进行理论总结、现实发展描绘、典型案例分析，旨在对不同智库进行基础性的介绍和分析，以期为中国未来智库建设提供基础性的概念知识和理论总结，为广大智库理论和实践研究者提供一部通识性的基础教材。本书的最大意义和价值即是为广大智库研究者，特别是为党校和高校系统中从事学术和政策研究者提供共同讨论、共同批判、共同深入研究的一块敲门砖、一个交流互鉴的平台和场所，本书作者期待着能够达到这样的学术目的。

本书共分为七章，主要由以下人员合作撰写而成。其中，张伟：第一章；刘志涛、吕培秋：第二章；黄相怀：第三章；杨磊：第四章、第七章；齐本荣：第五章；刘志涛：第六章。本书写作时间较短，内容和逻辑方面如有瑕疵和不足，还望广大读者多多包涵，批评指正。

张　伟　黄相怀

2017 年 6 月